W0356251

RETABLO DE LA AVARICIA, LA LUJURIA Y LA MUERTE

LIGAZÓN. LA ROSA DE PAPEL. EL EMBRUJADO. LA CABEZA DEL BAUTISTA. SACRILEGIO

LITERATURA

ESPASA CALPE

RAMÓN DEL VALLE-INCLÁN

RETABLO DE LA AVARICIA, LA LUJURIA Y LA MUERTE

LIGAZÓN. LA ROSA DE PAPEL. EL EMBRUJADO. LA CABEZA DEL BAUTISTA. SACRILEGIO

Edición
Ricardo Doménech

COLECCIÓN AUSTRAL

ESPASA CALPE

Primera edición: 28-XII-1961
Cuarta edición: 12-XI-1990

© *Carlos del Valle-Inclán Blanco, 1927*

—

Maqueta de cubierta: Enric Satué

—

Depósito legal: M. 40.984—1990

ISBN 84—239—1970—6

Reservados todos los derechos. Queda prohibido reproducir, almacenar en sistemas de recuperación de la información y transmitir parte alguna de esta publicación, cualquiera que sea el medio empleado —electrónico, mecánico, fotocopia, grabación, etc.—, sin el permiso previo de los titulares de los derechos de propiedad intelectual

Impreso en España
Printed in Spain

Talleres gráficos de la Editorial Espasa-Calpe, S. A.
Carretera de Irún, km. 12,200. 28049 Madrid

ÍNDICE

INTRODUCCIÓN

FORTUNA DEL «RETABLO...»

El embrujado se publicó por primera vez en libro, en 1913, en el volumen IV de la *Opera Omnia.* Su estreno tardó mucho en producirse: el 11 de noviembre de 1931, en el Teatro Muñoz Seca de Madrid, por la Compañía de Irene López Heredia. El mejor crítico de aquel momento, Enrique Díez-Canedo, afirmaba al día siguiente en *El Sol:*

> Drama sombrío, desarrollado entre forcejeos de codicia e impulsos de amor, animado por las burlas sarcásticas de los ciegos agoreros, desenlazado con el sacrificio de una criatura inofensiva (...), tiene *El embrujado* en su parte teatral, según la versión escénica dada por la Compañía de Irene López Heredia, mucho de estampa popular, de drama estático, aun en los momentos de mayor violencia. Y su atractivo más seguro a la palabra, que cobra, en el recitado, un vigor y energía que el libro esconde en potencia y sólo el teatro llega a declarar. He aquí el verdadero diálogo dramático [1].

Se inscribe este estreno en una circunstancia especial: en los primeros años treinta, al teatro de Ramón del Valle-Inclán, tan incomprendido antes, se le empieza a de-

---

[1] Cfr. *Artículos de crítica teatral. El teatro español de 1914 a 1936,* México, 1968, vol. IV, pág. 29.

dicar una atención pública que hasta allí no ha tenido. Creo que, en buena parte, ello obedece a la influencia directa de algunos escritores de la generación del 27, que son los primeros en *descubrir* el alcance de este teatro. Que un crítico de esa generación, como Díez-Canedo, vea en el lenguaje de *El embrujado* «el verdadero diálogo dramático» es sobremanera significativo, y por supuesto que impensable en críticos de las generaciones precedentes, con la sola excepción de Ramón Pérez de Ayala. El estreno más llamativo de aquella aproximación a la dramaturgia valleinclaniana fue el de *Divinas palabras,* por la Compañía de Margarita Xirgu, en el Teatro Español de Madrid, en 1933.

Siguiendo con *El embrujado,* hemos de agregar que, curiosamente, lo que quizá más se recuerda de sus avatares escénicos no es tanto el estreno de 1931 como sí el frustrado estreno en 1913, que provocó la enemistad entre Valle y Galdós, este último, director entonces del Teatro Español. Los biógrafos de ambos escritores, sobre todo los de Valle, se han ocupado del hecho; y, recientemente, Ramoneda Salas lo ha tratado de manera exhaustiva [2]. Sin entrar en detalles menudos, que aquí estarían fuera de lugar, resumiré lo ocurido en estos dos puntos: 1) Valle-Inclán quería estrenar *El embrujado* en el Español, y le hizo llegar a Galdós una copia de la obra a través del primer actor, Francisco Fuentes; 2) ni Galdós ni la co-empresaria y primera actriz, Matilde Moreno, incluyeron nunca *El embrujado* en la programación del Teatro. Valle-Inclán, dejándose llevar por su temperamento, reaccionó con cajas destempladas (lectura desafiante de la obra en el Ateneo, declaraciones a la prensa, insultante alusión a Galdós en *Luces de bohemia,* etc.). Pero esto fue consecuencia —no causa— de lo anterior.

Ahora bien, con la perspectiva que nos da el tiempo,

[2] Arturo Ramoneda Salas, «Valle-Inclán: un estreno frustrado», en *Ínsula,* núm. 433, diciembre de 1982, págs. 12 y 13; núm. 434, enero de 1983, págs. 3 y 4.

podemos encontrar para este rechazo, al margen de anécdotas y personalismos, una explicación última y fundamental: *El embrujado* es una obra *excesiva* para el teatro español de aquella época; en los horizontes de ésta, no caben ni su forma poética y simbolista, ni su contenido mágico. Reparemos en este contraste: el mismo año 1913, María Guerrero estrena en el Teatro de la Princesa, con enorme éxito, *La malquerida,* de Jacinto Benavente. Sin negar sus méritos, que son muchos, *La malquerida* nos presenta el mundo rural a través de una forma realista muy limitada. A pesar de que teatralmente está peor construida, sin esa habilidad con que Benavente sabía articular la acción dramática, *El embrujado* le aventaja en los quilates de su arte, y por supuesto que en modernidad. Tanto le aventaja que, como decimos, *no cabía* en un escenario español de 1913.

En la reordenación de la *Opera Omnia,* ya en Rivadeneyra, *El embrujado* volvió a aparecer en el vol. IV (1927), pero ahora acompañado de cuatro piezas cortas, escritas en los años inmediatamente anteriores: *La rosa de papel, La cabeza del Bautista, Ligazón* y *Sacrilegio*. Un nuevo título daba unidad al volumen: RETABLO DE LA AVARICIA, LA LUJURIA Y LA MUERTE. Estas piezas cortas se han venido programando, frecuentemente, en teatros universitarios y experimentales, y en talleres y ejercicios de Escuelas de Arte Dramático. Dos de ellas, *La cabeza del Bautista* y *La rosa de papel* —junto con otra obra en un acto, la farsa guiñolesca *La enamorada del rey*—, conocieron un importante estreno de carácter profesional. Me refiero al espectáculo que con ellas ofreció José Luis Alonso en el Teatro María Guerrero de Madrid, el 19 de enero de 1967. José Monleón, en su crítica, dejaría este interesante testimonio:

> He visto la función un domingo por la noche, dos o tres días después del estreno. Había muchísima gente. Y se aplaudía, se aplaudía, con una satisfacción inusitada en nuestros teatros. Esa fuerza de Valle, tantas veces recla-

mada, muchas más veces recusada, estaba allí, y los espectadores escuchaban, se reían, o aplaudían, de un modo distinto [3].

Recuerdo bien aquel espectáculo. Aunque de él no tuve ocasión de escribir una reseña entonces, hoy puedo decir, hurgando en la memoria, que es uno de los mejores montajes que he visto de Valle-Inclán. Alonso, además de una puesta en escena cuidadosa, exquisita en todos los pequeños detalles —lo que es habitual en su larga trayectoria de director—, consiguió potenciar *a la vez* el humor y mordacidad de los textos con su halo poético, con su profundo misterio. El propio Alonso nos lo explicaría después en estos términos:

> Poner en pie, materializar sobre un tablado, cualquier obra de Valle-Inclán es la labor más arriesgada con la que jamás puedan enfrentarse unos actores y un director. ¿Qué camino seguir? A mi juicio, hay uno que debe descartarse: el realismo a palo seco. Ese medio expresivo podría convertir en piezas rurales a ras de tierra unos textos llenos de misteriosas resonancias [4].

Desde aquel rechazo de *El embrujado* en 1913 hasta el estreno en 1931; desde la marginación del teatro de Valle-Inclán en la larga postguerra hasta un éxito de público tan notable como el de ese tríptico que estrenara José Luis Alonso en 1967, hay un largo camino. Es un camino en zig-zag, de avances y retrocesos, de nuevos avances... Y se diría que estas diferentes maneras de apreciar la literatura dramática valleinclaniana —de las que aquí sólo destacamos unos pocos ejemplos— reflejan, puntual y sorprendentemente, el estado del teatro español —y de la sociedad española— de este siglo.

[3] José Monleón, «Don Ramón: esperpento y farsa», en *Triunfo*, 4 de febrero de 1967.

[4] José Luis Alonso, «Mi cuaderno de dirección de tres obras de Valle», en *Primer Acto*, núm. 82, 1967, págs. 29-31.

PRIMERA LECTURA

Hay tres parcelas bien diferenciadas en la literatura dramática de Valle-Inclán. En primer lugar, su teatro mítico: con la trilogía de las *Comedias bárbaras*, con *El embrujado* y las demás piezas del *Retablo...*, con *Divinas palabras*. En segundo lugar, las farsas y teatro de muñecos: con *La marquesa Rosalinda*, con *La enamorada del rey*, con *La reina castiza*, etc. En tercer lugar, los *esperpentos*: *Luces de bohemia*, la trilogía *Martes de Carnaval*. Bien entendido que esta clasificación no responde a razones cronológicas (por ejemplo, *Divinas palabras* y *Luces de bohemia* son del mismo año 1920), aun cuando es evidente un proceso estético desde el simbolismo originario hasta el expresionismo final de los esperpentos. Proceso, y no ruptura radical: los esperpentos, por ejemplo, reabsorben la experiencia del teatro de muñecos, especialmente en el diseño de los personajes, y conservan un trasfondo simbolista que los enlaza con el teatro mítico [5]. Y a la vez, el teatro mítico y el teatro de muñecos contienen muchos componentes esperpénticos, a menudo como anticipación o prefiguración.

Salvo algún caso aparte, el escenario de todas las obras del teatro mítico es Galicia [6]. Por supuesto, una Galicia idealizada, o mejor dicho: transformada en mito. Este hecho fundamental genera a su vez nuevas identidades. Así, la sugerente repetición de algunos personajes secundarios (como el Ciego de Gondar, a quien no sólo encontramos en *El embrujado*, sino también en *Romance de lobos*, *Divinas palabras*, *Cara de plata*; o como Valerio el Pajarito, en *El embrujado* y en *La cabeza del Bautista*), la reiteración de determinados lugares (como Viana del

---

[5] Hemos estudiado este último aspecto en «Mito y rito en los esperpentos», en *Ramón del Valle-Inclán*, Madrid, Taurus, 1988, páginas 284-309.

[6] William J. Smither ha rastreado en ese modelo de la realidad con el mayor detalle. Cfr. *El mundo gallego de Valle-Inclán*, La Coruña, Edición do Castro, 1986.

Prior, en el que cabe reconocer una auténtica metáfora de Galicia) y algunas más. De otro lado, el extraordinario folklore gallego nutre estas obras míticas valleinclanianas de una savia poderosa. Sin duda, también aquí el autor modifica los modelos que toma de la realidad, inventa, imagina libremente; pero es claro que, sin esa raíz folklórica, ese teatro no existiría [7]. Finalmente, y aun cuando Valle-Inclán escriba en castellano, en este grupo de obras se advierte una extraordinaria incorporación de galaicismos, tanto en el vocabulario como en algunas formas sintáticas o en la musicalidad misma del lenguaje dramático [8]. En el *Retablo...,* y con la sola excepción de *Sacrilegio,* la acción dramática de las distintas obras se desarrolla en Galicia, en esa Galicia misteriosa.

El embrujado

Adentrándonos ya en cada una de las ficciones que integran el *Retablo...,* nos referiremos, primeramente, a *El embrujado.*

La acción de esta «tragedia de tierras de Salnés» tiene como eje el enfrentamiento entre un rico terrateniente, Don Pedro Bolaño, y Rosa Galans. Don Pedro es orgulloso, como corresponde a su papel social; pero no está dominado por el orgullo, y menos aún por la lujuria. La *pasión* que domina al personaje es la avaricia. A este propósito, el autor nos da una clave fundamental en una de las primeras escenas del acto o jornada I, en que el Cabezalero y los demás pagadores del Foral de András se lamentan del

---

[7] Sobre este tema, sigue siendo fundamental el estudio de Rita Posse, «Notas sobre el folklore gallego en Valle-Inclán», en *Cuadernos Hispanoamericanos,* julio-agosto de 1966, núms. 199-200, págs. 493-520. Véase, igualmente, el estudio definitivo de Speratti-Piñero, *El ocultismo en Valle-Inclán.*

[8] Cfr. José Amor y Vázquez, «Los galaicismos en la estética valleinclanesca», en *Revista Hispánica Moderna,* XXIV, 1 de enero de 1958, págs. 1-26. Rafael Benítez Claros «Metricismos en las *Comedias bárbaras», Revista de Literatura,* III, 6, 1953, págs. 247-291.

precio que Don Pedro Bolaño impone al trigo. «Como él no hay otro... Tanta avaricia, y se ve solo en el mundo», dice el Cabezalero. En cuanto a esa soledad, destaquemos que el hijo de Don Pedro, Miguel, fue asesinado hace poco tiempo. Avaricia, soledad: el personaje está ideado en esas dos claves.

La figura antagónica de Don Pedro, como decíamos, es Rosa Galans, a quien llaman La Galana. «¡Pedro Bolaño, no me avasallará tu gran poder!», grita Rosa Galans al final del acto II. ¿Quién es Rosa Galans? Ante todo, hagamos constar que también ella ostenta un gran poder. Tras oír hablar de Rosa a Anxelo —éste, asustado—, Mauriña se pregunda: «¿Tanto es su poder?» El uso de la misma palabra, *poder*, en una y otra frase, y con respecto a uno y otro personaje, sugiere la intensidad de ese enfrentamiento o duelo entre los dos. Pero no hemos respondido a la anterior pregunta; hagámoslo diciendo, sin más, que Rosa practica la magia, y ése es su gran poder, como demuestran la situación de Anxelo (Rosa lo tiene, realmente, embrujado; tiene sometida su voluntad) y algunos episodios maravillosos, en particular la metamorfosis del desenlace, en que Rosa, Anxelo y Mauriña se convierten en tres perros blancos. Pero dejando aparte, de momento, cualesquiera ingredientes mágicos de la obra, vengamos a este otro rasgo definitorio de Rosa Galans: como Don Pedro, está dominada por la avaricia. Puede ilustrarlo suficientemente la escena del acto I en que ella y Don Pedro discuten las condiciones de un singular contrato: la «propiedad» de un niño. Ese niño es hijo de Rosa y de Anxelo. Don Pedro cree —La Galana se lo ha hecho creer— que es nieto suyo: que es hijo natural de Miguel y de Rosa; y quiere «darle mi apellido y la legítima naturaleza para heredar», exigiendo antes una renuncia completa y debidamente legalizada de Rosa Galans sobre él.

El otro personaje principal de la tragedia es Anxelo. Es, quizá, el más interesante de todos. Aparece en la escena primera del acto II, en una conversación con su mujer, Mauriña, y ya allí lo vemos obsesionado por su culpa («Yo salvaré mi alma declarando toda la verdad», «¡Mi culpa pagada, mi alma, de negra, blanca!») y por su miedo a Rosa Galans («¡No la dejes entrar, que si me mira he de irme con ella!»): los dos términos de la contradicción en que se debate angustiosamente, y de la que no conseguirá escapar. Aunque no se afirme explícitamente aún, en esta escena se comprende ya que Anxelo fue el asesino de Miguel Bolaño. Y aunque a lo largo de la obra no se ofrezca una amplia información acerca del cómo y el porqué de aquella muerte, se adivina también que Rosa Galans tuvo la última responsabilidad. Acosado por su sentimiento de culpa —mejor: por «el ánima en pena» del muerto, que incluso Mauriña, ajena al crimen, puede ver—, Anxelo, acompañado de Mauriña, llegará por fin a la casa de Don Pedro y allí, ante la puerta, iniciará su anhelada confesión... Sin conseguir terminarla: oye los ladridos de un perro misterioso («¡Aúlla el can! ¡Aúlla el can!», repite asustado) y en seguida aparece en escena Rosa Galans... con su gran y no visible poder. Es la última escena de la tragedia y este acto lleva el significativo título de «Cautiverio».

Otros muchos personajes se suman a los mencionados, aunque en un discreto segundo lugar —que es también el de Mauriña—. Recordemos a Malvín —criado bárbaro y de fidelidad perruna—, al sempiterno Ciego de Gondar —aquí, acompañado de una mozuela—, a El Pajarito —amante actual de Rosa la Galana—, a Doña Isoldina —la novia de Miguel—, en un retrato dramático de extraordinaria sensibilidad, etc. Sin olvidar el coro de hilanderas, con varias y muy destacadas intervenciones como tal coro.

El duelo Rosa-Don Pedro culmina con la muerte del niño. Considerando insatisfactoria la oferta de Don Pedro, Rosa se lo lleva. Don Pedro decide robárselo. Advertida, Rosa lo esconde. Don Pedro da con él y hace que Malvín lo rapte. Malvín es descubierto. El Pajarito dispara su revólver... En una primera impresión creeremos —con Rosa, con El Pajarito, etc.— que una de esas balas ha herido al raptor. Y así es, desde luego; pero también ha matado al niño. Muere éste, pues, víctima de la codicia de Rosa Galans y de la avaricia de Don Pedro. «Lo mató la dureza de mi corazón», reconocerá Don Pedro. Rosa Galans ni siquiera eso: incluso ante su nueva situación quiere sacar provecho de Don Pedro («¡No desampare a la madre!»). El combate termina sin que ninguno de los dos poderes se sobreponga al otro, pero dejando derramada la sangre inocente de Miguel y del niño. Borel interpreta así el sentido global de la tragedia:

> El egoísmo es una especie de asesinato, y él es el responsable de todas las muertes que se suceden a lo largo de la obra. Si Rosa Galans hubiese amado a su hijo, si Pedro Bolaño hubiese amado a su «nieto» en lugar de «quererlo» para él, si alguien, quien fuera, hubiera sentido un momento verdadero amor humano, todo hubiera podido salvarse. Pero en nuestro mundo, sin amor, la vida es imposible [9].

Ligazón

Bruja, como Rosa Galans, es la protagonista de *Ligazón* —a quien el autor designa únicamente como La Mozuela—; cambia por completo, sin embargo, la situación dramática y la índole del personaje. Algo brujeriles son también La Ventera —madre de La Mozuela— y La Raposa: una y otra, dominadas por el egoísmo y la avaricia, como Rosa Galans. La acción empieza cuando llega La Raposa a la venta. Trae una gargantilla y una embajada para La Mozuela, de parte de un ricacho del pueblo. La Mozuela rehúsa: «¿Para qué me quiere ese hombre? ¿Para amiga y que donde se canse me deje? ¡No estoy para tirarme!» Muy diferente será la reacción de La Ventera, que pronto se pondrá de acuerdo con La Raposa, y ésta le dirá que «vaya previniendo una empanada para el alboroque». No pase inadvertida la ironía del autor, al utilizar aquí la

[9] Jean-Paul Borel, *El teatro de lo imposible*, Madrid, Guadarrama, 1966, pág. 212.

palabra *alboroque,* con que se designaba en la compraventa de ganados, y una vez concluido el trato, la ulterior celebración en el mesón o en la taberna. La madre aconseja a La Mozuela («Tú estás ignorante de cuanto representa un amigo que no mira la plata»), la empuja («Mira por tu madre, ya que por ti no miras, escarrilada») y por fin la insulta y amenaza... Pero La Mozuela se mantiene firme. La Mozuela entiende que «mi cuerpo es mío», y razona así: «Con una gargantilla aún no ciego, y antes me doy a un gusto mío para perderme.» En consecuencia, previene a la madre: «Si ese cortejo usted me lo mete en la alcoba, se encontrará lo que deba encontrarse.» En la escena anterior ha amenazado de manera semejante: «¡Dormiré con las tijeras ocultas bajo la almohada!» Con todo ello, quedan explícitas las «razones» de los personajes —esto es, lo que creen y defienden— y se prepara ya el desenlace.

Entrecruzadas con estas escenas, vemos otras dos de La Mozuela y El Afilador. En la primera, éste afila las tijeras que le da La Mozuela. Todo el diálogo adquiere entonces una fuerte carga erótica —se ve explícitamente la atracción de La Mozuela sobre El Afilador, e implícitamente la de éste sobre aquélla— pero resuelta con humor, en un tono desenfadado y sin mayores consecuencias. La escena termina de modo que no esperamos necesariamente un nuevo encuentro; pero al producirse éste, en la última escena, percibimos en seguida su *necesidad,* su coherencia dramática. Como respuesta a las presiones celestinescas de la madre, La Mozuela se entrega al Afilador; y ambos matan al ricacho —con las tijeras afiladas, por supuesto—, a quien La Ventera había metido, literalmente, en la alcoba de la hija.

Dejando para después los componentes mágicos —muy numerosos— de esta pequeña obra maestra que es *Ligazón,* notemos cómo Valle-Inclán profundiza aquí en un tema apuntado en las *Comedias bárbaras* y en *El embrujado,* y que en los esperpentos desarrollará al máximo: la corrupción. Por otra parte, estas palabras inconformistas de La Mozuela: «¡Mi cuerpo es mío!», volverán a oírse años más tarde —con respecto a circunstancias familiares diferentes, pero asimismo opresoras— en el teatro español: «¡Yo hago con mi cuerpo lo que me parece!», gritará Adela en *La casa de Bernarda Alba.*

La rosa de papel

Con *La rosa de papel,* el dramaturgo avanza decididamente en el campo de lo grotesco, dándonos un dibujo de trazos abultados, de fuertes manchas de color. Y no sólo lo hace, sino que declara ese propósito estético de manera inequívoca. Así, repárese en el subtítulo definitivo —«melodrama para marionetas»— y la insistencia del término en un par de acotaciones:

1.ª) «Simeón se arranca la gorra. El aire *melodramático* (...)».

2.ª) Julepe coge el revólver «romántico» que llevaba de soltero y «ahora lo empuña con gozo y rabia de peliculero *melodramático*».

Tanto la utilización de elementos de la subliteratura como ese guiño de tales acotaciones nos sitúan ya en el campo del esperpento, y particularmente en el de *Las galas del difunto,* el único esperpento de ambiente gallego, que guarda no pocas coincidencias y conexiones con *La rosa de papel* y *La cabeza del Bautista.* Pensando en lo que acabamos de destacar, recuérdese la última frase de *Las galas del difunto:* «Después de este folletín, los cafeses son obligados.» Lo folletinesco, lo melodramático: he aquí los materiales de derribo que el esperpento retoma y transfigura.

Volvamos a *La rosa de papel.* La descripción de Simeón Julepe no puede ser más expresiva. Además de herrero, es «orfeonista y barbero de difuntos», y «orador en la taberna y el más fanático sectario del aguardiente de anís». Le vemos «pálido, tiznado, con tos de alcohólico y pelambre de anarquista» y con «aire extraño», con «melancolía de enterrador o de verdugo». El otro personaje fundamental es la mujer, Floriana, a la que se designa como La Encamada. Floriana se halla agonizante, mientras Simeón Julepe bate el yunque sin ninguna consideración. Floriana le confiesa un secreto: tiene ahorrados y escondidos siete mil reales. Y le previene: «Simeón, procura mirar por los hijos, y no dejar mis sudores en la taberna.» Habiendo fallecido Floriana y borracho ya Simeón, la obra se cierra con la acción de amortajar el cadáver por unas vecinas (escena que recuerda otra de este tipo en *Romance de lobos*) y con la tremenda impresión que ese cadáver amortajado va a producir en el borracho Julepe. Bary, que ha estudiado con mucho pormenor *La rosa de papel*, interpreta en profundidad el cambio o anagnórisis —creo que ésta sería la palabra idónea— del personaje:

> Hay que ver la transformación producida en Julepe por la «visión celeste» de la difunta. Ha vuelto a enamorarse de una mujer que había despreciado, hasta el punto de hablar de sus derechos conyugales. Ha hablado en público de su amor con una sinceridad loca y desesperada. Ha dejado de hacer dos papeles, uno de los cuales es el de esposo adolorido, que deja de ser papel para convertirse en realidad; el otro es el de ateo español que en los momentos graves de la vida jamás hace nada que desentone con los rituales del catolicismo oficial («yo respeto todos los fanatismos», según su pintoresca fraseología). Y lo que es más, de hombre dispuesto a matar por no perder uno de los cuartos ahorrados por Floriana, pasa a decir que «no se mira la plata» al ofrecer un premio al mejor embalsamador... [10].

En efecto, aquí como en las demás obras esperpénticas o expresionistas, por debajo de la caricatura vibra un sentimiento trágico —es decir, moral— de lo humano y una irrenunciable sensibilidad para lo maravilloso: como luego

[10] David Bary, «La *inaccesible categoría estética* de Valle-Inclán», en *Papeles de son Armadans*, núm. 156, marzo de 1969, págs. 236-237.

señalaremos, los componentes mágicos y simbolistas de esta pieza son muchos.

La cabeza del Bautista

«Melodrama para marionetas es, asimismo, *La cabeza del Bautista*. El melodramático triángulo está compuesto por La Pepona, Don Igi Gachupín y El Jándalo. La Pepona es «una mujerona con rizos negros, ojeras y colorete». Don Igi, dueño de un café con billares, «tiene un rictus de fantoche triste y hepático». (La palabra *fantoche*, de uso típico en los esperpentos, se aplicará en otras tres ocasiones). Al Jándalo lo vemos «sobre un caballo tordillo, con jaeces gauchos»; cuando se apea, lo hace «con fantasía de valentón». Muy pronto se inicia la relación entre La Pepona y El Jándalo: «El Jándalo se volvió para mirar al fondo de los billares. Había sentido el magnetismo de los ojos de la mujerona, fosforecidos bajo el junto entrecejo.»

Los trazos gruesos, lo caricaturesco en la descripción de los personajes corresponde bien a la acción dramática. Resumiré ésta en sus líneas generales. El Jándalo viene de América y es hijo del Gachupín. Viene a chantajearle. Don Igi mató a su esposa —madre de El Jándalo—, por lo que fue procesado en América, y El Jándalo está dispuesto a hacerlo saber entre la gente, en el pueblo. Asustado, Don Igi trama con La Pepona el asesinato del joven. Y efectivamente, sirviendo ésta como cebo, y cuando los dos están abrazados besándose, Don Igi apuñala al Jándalo hasta matarlo. La Pepona, en ese instante, tiene una reacción inesperada, besando y volviendo a besar al muerto, ante el sorprendido Don Igi. No sólo eso, sino que gritará a Don Igi: «¡Valía más que tú, viejo malvado!» Y al cadáver, sin dejar de besarlo y abrazarlo: «¡Bésame otra vez, flor galana! ¡Vuélveme los besos que te doy, cabeza yerta! ¡Abrazada contigo quiero ir a la tierra! ¡Tan desconocido, tan desconocido! ¡Venir a morir en mis brazos de tan lejos!» Esta reacción es original, sugerente.

Sacrilegio

Pasemos, por último, a *Sacrilegio. Sacrilegio* es «auto para siluetas», si bien participa de los mismos ingredientes esperpénticos que los anteriores «melodramas para marionetas». Ahora no estamos en Galicia, sino en Sierra Morena. Se trata de un ajuste de cuentas entre bandoleros; más concretamente, un grupo de éstos —Padre Veritas, Pinto Viroque, Vaca Rabiosa, Carifancho y Patas Largas, a cuyo frente está El Capitán— tienen preso y con los ojos vendados a El Sordo de Triana, acusado de delator. Pero antes de seguir adelante es obligado recordar el modelo real en que se inspiró el dramaturgo para concebir esta obra. Ese modelo, cuidadosamente examinado ya por la crítica [11], se encuentra en *El bandolerismo. Estudio social y memorias históricas* (10 vols., Madrid, 1876-1880), de Julián Zugasti; y en particular, en el vol. X, caps. XX-XIII-XLI, donde se relata el secuestro del *Sastre Lechuga* por la banda del *Maruso.* En el cap. XXXIX, se desarrolla la confesión de *Lechuga,* ignorante de que habla ante un fingido sacerdote: el *Bisojo,* quc con los demás bandoleros ha tramado esta sacrílega diversión. Pero tan impresionante resulta la confesión de *Lechuga* —por su sinceridad y por lo terrible de sus crímenes— que todos quedan sobrecogidos.

Veamos el planteamiento de Valle-Inclán. Aunque El Sordo de Triana ha negado los cargos contra él, los bandoleros han decidido matarle. El supuesto chivato, viéndose perdido, solicita dos gracias antes de morir; informa Padre Veritas: «Un confesor para sus pecados y dormir con la parienta antes de diñarla.» Se desestima la segunda petición (ya que, según piensan los bandoleros, «el fornicio es gollería y relajo» y, puesto que «va a comparecer ante la divina Audiencia», no le serviría el haberse confesado).

---

[11] Véase Harold Boudreau, «The creation of Valle-Inclán's *Sacrilegio*», en *Symposium,* XXII, 1968.

En cuanto a lo primero, acceden a que uno de ellos —el Padre Veritas, que fue monaguillo y cursó estudios de teología— se haga pasar por cura. La ficción supondrá, incluso, que Pinto Viroque le afeite una tonsura (lo que aparece en Zugasti, también con mucho detalle), en una adecuada escena preparatoria de aquella que es medular en la obra, y que responde a la vieja aspiración del «teatro en el teatro»: la de la sacrílega confesión.

Desconocedor del engaño, y de que están viéndole y oyéndole los bandoleros, El Sordo de Triana —siempre con los ojos vendados— se confiesa... ¡Y qué confesión! Hay varios crímenes en su vida, una vida violenta y como marcada por un hado funesto. Con el miedo de saber que va a morir, él se arrepiente ahora de todo, y pone un calor y una sinceridad tales en su arrepentimiento que... El Capitán le descerraja un tiro, ya que «si no le sello la boca nos gana la entraña ese tunante». No se encuentra este final en el relato de Zugasti, donde el *Lechuga* muere tiempo después y de muy otra forma. Con buen instinto dramático, Valle-Inclán *cierra* aquí la historia, culminando de ese modo la ceremonia sacrílega con la muerte del secuestrado.

Fijémonos en que varios de estos personajes —Vaca Rabiosa, Pinto Viroque, Patas Largas, Carifancho...— reaparecen en *La corte de los milagros,* la primera novela de *El ruedo ibérico* [12]. Es un hilo conductor más hacia el esperpento. *Sacrilegio* cae muy dentro de éste, sobre todo por el lenguaje —por su léxico plagado de gitanismos— y por el contenido de la acción.

EL SIMBOLISMO DEL TEXTO

Las obras que integran este que llamamos *teatro mítico* son las que más plenamente responden a la estética sim-

[12] La base documental es la misma: el estudio de Zugasti. (Cfr. J. Marey, «Du chroniqueur Zugasti à Valle-Inclán, romancier», en *Les langues néo-latines,* núm. 169, junio-julio de 1964, págs. 48-59.)

bolista. Como Maeterlinck, como D'Annunzio, como Synge y tantos otros dramaturgos de esta tendencia, Valle-Inclán elabora aquí una forma dramática que nos obliga a una doble lectura. En la lectura de superficie, cabe ver estas obras como si fueran «realistas»: hay una acción, un ambiente, unos personajes y un conflicto que resultan inteligibles desde esa óptica. En una segunda lectura, en una lectura en profundidad, el lenguaje nos revela un trasfondo de símbolos que proyectan una inesperada significación sobre ese conflicto, esos personajes, ese ambiente, esas acciones. Esta segunda lectura, bien entendido, no es contradictoria de la anterior, pero la enriquece en una perspectiva distinta: más rica de contenido, más universal. *El embrujado* y *Ligazón* pueden interpretarse siguiendo ese procedimiento. Las demás piezas del *Retablo...*, también; pero los componentes esperpénticos que hemos advertido en ellas permiten comprobar, además, algo que desde hace tiempo venimos defendiendo: que lo esperpéntico y lo mágico no son realidades estéticas contradictorias, sino, al revés, complementarias, estrechamente imbricadas.

El espacio simbólico

Adentrándonos ya en los textos, subrayaremos, para empezar, la conformación simbólica del espacio.

El embrujado: los actos I y III se desarrollan en la casa solariega —el tradicional *pazo*— de Don Pedro; el II, en un exterior: un paraje a la orilla de un río.

No es la única vez que nos topamos con la casa señorial en la literatura valleinclaniana. Recuérdese, por ejemplo, el papel que ésta juega en las *Comedias bárbaras* [13]. Observando su recurrencia, Maravall escribió que «en el

---

[13] Véase nuestro artículo «El espacio escénico en las *Comedias bárbaras*», en *Serta Philologica F. Lázaro Carreter*, Madrid, Cátedra, 1983, vol. II, págs. 157-170.

mundo de Valle-Inclán, la casa señorial es la unidad de existencia común»; añadiendo casi a continuación: «En la morada del rico —que por serlo toma caracteres señoriales, en una normal correspondencia entre riqueza y nobleza, de carácter feudal—, se cobija toda una grey de criados, bajo una vinculación de dependencia personal y heredada» [14]. El «poder» de Bolaño lo hace ostensible esta casa «grande, toda de piedra, con aroma de mosto en el zaguán, galgo en la solana y palomas en el alero». Al iniciarse la acción, las hilanderas, los pagadores del Foral de András, la Abuela con la Nieta que va «ofrecida», etc., ilustran bien esos rasgos feudales, pronto reafirmados con la ulterior aparición de Don Pedro. En la jornada III, del pazo se nos muestra el rincón quizá más frecuentado y prestigioso en las leyendas y tradiciones folklóricas: la vieja cocina. La acotación no puede ser más expresiva cuando nos describe a los criados sentados frente al fuego, desgranando mazorcas. Hablan «en voz baja» y «tienen un aire de misterio». Y, en fin, «las figuras, las sombras, las voces parecen próximas a desvanecerse con el ondular de la llama bajo las negras piedras de la chimenea, donde silba el viento».

La concepción del escenario como un lugar en verdad misterioso se hace más evidente aún en la acotación de la jornada II. (El espacio de esta jornada tendrá más relación con Rosa Galans y su «poder».) Es una tarde de otoño, y el río, los chopos, los mimbrales, las figuras de Anxelo y Mauriña se nos presentarán a través de una fina lluvia impresionista: «Las figuras parecen muy lejanas en el cernir de la lluvia menuda. Dos larvas en la orilla del río.» Mauriña y Anxelo hablarán «de una manera fugitiva y medrosa». La acotación termina aludiendo al «reposo del paisaje», a «la quietud de las hojas y del cristal del agua», a «la paz de todas las cosas que dice la perfección del éxtasis y el sentido hermético y eterno de la felicidad». En

---

[14] José Antonio Maravall, «La imagen de la sociedad arcaica en Valle-Inclán», en *Revista de Occidente*, núms. 44-45, noviembre-diciembre de 1966, pág. 240.

suma, nos hallamos ante un sentimiento mágico del paisaje, de la naturaleza. Los buenos conocedores de la literatura de Valle-Inclán recordarán en seguida otros paisajes suyos, en particular los que se evocan en *La lámpara maravillosa* —como el entrañable huerto de la madrina—, con los que el autor se encuentra «enlazado». Como en aquéllos, advertimos en éste una noción del espacio que puede vincularse a principios quietistas y panteístas.

Sea por la forma como se nos presenta la casa señorial y patriarcal, sea por este inquietante paisaje a la orilla de un río, en *El embrujado* percibimos claramente el propósito de transformar el espacio escénico en un ámbito *irreal* y *profundo* (dos adjetivos muy queridos de Valle-Inclán); un ámbito que no sirve sólo para *alojar* la acción, sino que es en sí mismo un espacio poético, un espacio significativo a través de determinados valores sensoriales. Esto ocurre con el teatro simbolista en general; y en particular, de manera extraordinaria, con Maeterlinck y con Valle.

En las piezas cortas del *Retablo...*, la conformación del espacio escénico responde a idéntico propósito, aunque en algunos casos no sea tan notorio. *Ligazón* y *Sacrilegio* nos llevan a dos lugares de reconocida importancia en el folklore. En el primer caso, se trata de una de esas enigmáticas *encrucilladas* nocturnas de Galicia, tan frecuentes en la literatura valleinclaniana: el «ventorrillo», donde viven La Mozuela y su madre, se levanta frente al «cruce barcino de las tres sendas». Y el misterio de los caminos estará presente de distintos modos, singularmente en ese recorrido que hace El Afilador antes de reaparecer en escena, y que La Mozuela adivina en las aguas del dornil. En el segundo caso, también de noche, se trata de una cueva: «Un sésamo que llaman (...) Cueva del Rey Moro.» (¿Cómo no evocar otra cueva memorable: la de Fuso Negro, al final de *Romance de lobos*?) Y este sitio, por el plurivalente y complejo simbolismo que la mitología y el folklore le reserva, parece muy a propósito para enmarcar la acción sacrílega que ya el título nos anuncia.

Aunque la fragua de Simeón Julepe esté «en una encrucijada de caminos», según se indica en la primera acotación, el simbolismo del espacio escénico en *La rosa de papel* radica en la fragua misma, como lo acredita suficientemente el desenlace, con todo el escenario en llamas. En cuanto a *La cabeza del Bautista,* la acotación inicial señala: «La Bandera Roja y Gualda. Café y billares del indiano.» En una primera impresión, se nota la semejanza con la escena séptima de *Los cuernos de Don Friolera:* el billar de Doña Calixta, aquellos «alaridos del rojo y del amarillo». Pero tal observación queda fuera de nuestra pesquisa; centrándonos en ésta, creo que debemos reparar, sobre todo, en el contiguo huerto de limoneros, cuando Don Igi está cavando la que será sepultura de El Jándalo y resuenan los golpes del azadón. El dramaturgo acierta a conferir entonces al espacio, si no un trasfondo simbólico tan intenso como en las otras obras, sí una expectación angustiosa, una incertidumbre que van más allá de la mera preparación técnica del desenlace. En *La cabeza del Bautista,* asimismo, es de noche.

El lenguaje

Examinemos ahora el lenguaje. Son dos los ángulos que aquí debemos considerar: 1) algunos aspectos estilísticos que, por sí mismos, no bastarían para esa lectura que perseguimos, pero que, unidos al simbolismo de los textos, refuerzan éste considerablemente; y 2) ese simbolismo en cuestión, a través de sus cuatro series: animal, vegetal, elemental y cósmica.

Con respecto a lo primero, llama la atención el uso tan rico y vario que hace el autor de un lenguaje ya codificado: canciones, repeticiones y muletillas; refranes y frases sentenciosas; plantos, exorcismos y otras fórmulas o locuciones de tipo mágico o religioso, etc. A fin de no extendernos demasiado, sólo pondremos algún ejemplo de estos diferentes recursos. Entre las canciones, destaquemos, además del romance de El Ciego de Gondar con su zanfoña (*El embrujado*, acto I) y de la serenata de El Jándalo (*La cabeza del Bautista*), la copla de La Mozuela en *Ligazón:*

Por verme, por verme,
por verme la liga,
me dijo, me dijo
de hacerme su amiga.

En *El embrujado*, una muy inquietante oración es la de Anxelo dirigiéndose al alma en pena del hombre que mató: «Ánima en pena con sudario en llamas, ¡no me atormentes!», etc., y una no menos inquietante repetición es ésta, obsesiva, del citado personaje: «¡Aúlla el can! ¡Aúlla el can!» En *La rosa de papel*, por su tema y acción hay, lógicamente, varios plantos e intervenciones que tienen valor de tales. Véanse esas palabras lastimeras de Simeón Julepe: «¡Floriana, ángel ejemplar, ¡no tengo lágrimas para llorar tu irreparable pérdida!», etc. Es más tarde, sin embargo, cuando Julepe —ya borracho— nos da un planto magnífico, en el que se empiezan a encontrar y a enroscar los motivos muerte-sexo, que estallarán en el desenlace: «¡Floriana, que tan angélica te contemplo con esa rosa en las manos!», etc. En un tono más tradicional o convencional de planto (esto es, sin los ingredientes grotescos del ejemplo anterior), la larga intervención de La Musa —una de las vecinas—, dirigiéndose a los niños, diciendo: «Tiernos ángeles, ¡recordai siempre este momento de la última despedida a la cabecera de vuestra madre!, etc., etc. La acotación, previamente, ha advertido: «Comienza una prosa dramática, ritual de tales fúnebres pasos.»

Si seguimos esa estela mágico-religiosa del lenguaje, descubriremos muchas huellas más, a veces con un matiz burlesco o irrisorio. Don Pedro Bolaño bendice la mesa en «un leve y apagado murmullo». La de *Sacrilegio*, por sacrílega que sea, es una confesión, y no faltan sus latinajos oportunos: «¡Dominus in gloria!» Aunque escueta, la fórmula de La Mozuela es muy precisa: «¡Ligazón te hago!»

Finalmente, cuántas, cuántas alusiones al Demonio, a menudo en forma de exorcismos de gran tradición popular. En *Sacrilegio*, el de Padre Veritas ofrece cierto interés: turbado al ver reflejada su imagen sacrílega, exclama: «¡Salte fuera, Satanás, que este paso es cosa seria!» Y no podemos dejar de citar el famoso exorcismo gallego, que, en *El embrujado*, oímos como «el rumor religioso de todos» los personajes, cerrando la jornada I: «¡Brujas fuera! ¡Brujas fuera! ¡Brujas fuera!»

Este acarreo de un lenguaje codificado —del que aquí sólo hemos ofrecido algún botón de muestra—deberá analizarse desde distintos ángulos; el que nos importa más ahora se refiere a un rasgo estilístico: a través suyo, el autor confiere al lenguaje dramático un ritmo y un tono rituales, de rara sugestión ceremonial.

Símbolos y emblemas: configuración animalística

Pasemos ya el ancho caudal de símbolos y emblemas que podemos reconocer en los textos. También aquí, en vez de un acopio exhaustivo, procederemos a una selección de imágenes dotadas de significación especial.

Comenzando por la serie animalística, conviene notar en seguida la gran cantidad de animales que, a lo largo de todo el *Retablo...*, desfilan ante nosotros o son mencionados en diálogos y acotaciones. Hay caballos, perros, gatos, palomas, serpientes, toros, gallos... Y hasta a un personaje se le conoce como El Pajarito. Se nos argüirá que en el campo hay animales y que la ambientación rural de estas obras tiene que reflejar esa realidad. Sí; pero repárese en que dicha animalización se da también en los esperpentos, de ambientación urbana. Y, sobre todo, en que no se trata sólo de una presencia animalística, sino de que en bastantes casos —no en todos, por supuesto— esas imágenes juegan un papel simbólico.

Fijémonos en los perros de *El embrujado* y de *Ligazón*. Anxelo, en su relato de cómo conoció a Rosa la Galana, habla de un perro furioso que, un día al anochecer, le salió ladrando al camino. Se deshizo de él, golpeándole con un zueco, y después vio a Rosa sentada a la puerta de su ventorrillo. Dos rasgos le llevaron a identificar a Rosa con el animal: 1) una gota de sangre que le corría por la frente, y 2) su voz, que sonaba como el alarido de un perro. Posteriormente, nos enteramos de la atracción erótica que ejerce Rosa sobre Anxelo, de manera que las relaciones entre ambos quedarán anudadas en un doble sentido: mágico y sexual (dualidad que reencontramos en *Ligazón,* y que es muy frecuente en historias de brujos y de brujas). Para Anxelo, esa relación —al fin, esa esclavitud— va ligada, instintivamente, al perro: «¡Aúlla el can!», repite obsesionado, asustado. La obra termina con una nueva y espectacular metamorfosis —ésta, en escena—. Rosa ordena a Anxelo y a Mauriña que se vayan con ella —«a los infiernos», grita enfadada— y, tras encararse con las gentes de la casa de Don Pedro, vemos convertirse a los tres en «tres perros blancos (que) ladran en la puerta». No es menos llamativa la metamorfosis de *Ligazón.* Cuando La Mozuela hace su invocación enigmática, «la sombra ahuyentada de un perro blanco cruzó el campillo». Ese perro será el que muerda a El Afilador. En la última escena, como remate, leemos en la acotación que «agorina un blanco mastín sobre el campillo de céspedes». Se trata de un final que hace pensar un poco en el de *El embrujado.* Son motivos coincidentes, asimismo, la mordedura del perro embrujado y la condición de ventera en ambas brujas, aun cuando sean muchas, por otra parte, las diferencias entre La Mozuela y Rosa Galans.

Así pues, tanto en *El embrujado* como en *Ligazón,* se confiere a algunos perros un valor sobrenatural: son animales sagrados, satánicos. Sucede igual con los gatos: en *La cabeza del Bautista,* en *La rosa de papel.* Leamos con cuidado esta acotación: «El gato se escurre de los brazos de la mujerona. Taciturno y elástico, trepa al mostrador y se coloca al lado del tendero como para inspirarle.» Más adelante: «Don Igi avizora, de codos sobre el mostrador, los pelos de punta, los anteojos en la frente, y el gato soplándole a la oreja.» Hasta aquí, Don Igi rumia el bárbaro asesinato. Y cuando se dirige al huerto para cavar la fosa de su víctima, se diría que el gato ya *está* en él: «Pálido, con los pelos como un gato espantado, sale a la puerta del egido.» Esta manera alusiva y elusiva es característicamente valleinclaniana y plenamente simbolista. (Y por lo demás, ¿es que acaso puede haber otra que, en nuestro mundo racionalista, sea capaz de hacer verosímil lo maravilloso? Sólo el *quizá,* la insinuación parecen vehículos adecuados para alcanzar ese propósito.)

Más complicada se nos presenta la cuestión en *La rosa de papel.* Floriana está agonizando, y grita: «¡Espantaime el gato de sobre la cama!» Nadie ve ningún gato, y una de las vecinas explica: «Es su propio delirio», mientras Floriana insiste en la incomprensible petición... Pero, antes de seguir, debemos hacer un pequeño excurso.

Me refiero a uno de los más espléndidos cuentos de Valle-Inclán: «Mi hermana Antonia», del libro *Jardín umbrío.* Allí, la agonía de la madre de Antonia y del personaje narrador tiene también esa forma: la agonizante ve un gato que nadie puede ver y, desesperadamente, pide ayuda —una ayuda que nadie puede prestarle— con idéntica frase, con idéntico galleguismo (*espantaime...*). En «Mi hermana Antonia», desde luego, se trata del Demonio con todas sus consecuencias. Por lo demás, hay una identificación del gato con el estudiante de Bretal, quien, empujado por su amor hacia Antonia, ha vendido el alma al Diablo. Así, la muerte de la madre —que era el obstáculo a ese amor— da la impresión de haber sido urdida por él, o mejor diré, por ellos: por el Demonio y por el estudiante.

La muerte de Floriana no responde, a simple vista, a una causa de ese tipo. Sin embargo, si nos entretenemos en los recovecos del texto, encontraremos, acechándonos, una nueva imagen felina. La Musa, cuando Floriana grita de nuevo: «¡Espantaime ese gato!», dice —define— así a Julepe: «¡Te repudia con ese texto!» Algo tiene de satánico, pues, aunque sin mayores consecuencias, el personaje; lo que engarza bien con su anticlericalismo, su oficio de herrero, etc. Pero hay más, y es lo más importante. La palabra *gato* se va a emplear, metafóricamente, de un modo curioso. Informa La Disa: «¡Deja un gato de muchos miles!» Y Ludovina la Mesonera: «¡Nadie le hacía un gato tan grande a la Floriana!» Y La Pingona: «¿Luego es verdad que la difunta deja un gato de dos mil pesos?» Todo lo cual va a tener un sentido inmediato y bastante claro. Cuando se hace el elogio de Floriana como mujer de su casa, etc., La Pingona matizará: «Con muy buenas amistades.» Y poco después, reitera: «Sabiendo buscarse las amistades.» Se deduce de ello que, aunque Julepe no llegue a sospecharlo, Floriana llevaba una segunda vida, lo que cambia completamente la idea que nos habíamos formado del personaje. Pero lo sugestivo es que al beneficio de la misma —a ese dinero— se le llame *gato*. Creo que en ninguna otra obra de Valle-Inclán se utiliza la palabra con ese significado.

Consideremos otro animal de reconocido valor emblemático: la paloma. En *El embrujado*, reviste una importancia enorme. Por de pronto, El Ciego de Gondar dice de Doña Isoldina que es «una paloma blanca». Y en otro momento, cifra en esta parábola todo el conflicto dramático: «La paloma blanca se puso a deshojar su rama de olivo en los aires entre el claro sol y la tierra cativa.» En la oposición sol/tierra cabe reconocer una traslación del enfrentamiento entre Don Pedro y Rosa Galans. La paloma parece relacionarse aquí, más que con Doña Isoldina, con el hijo de Rosa. Con este niño, desde luego, se identifican las dos tórtolas del acto III. Leemos en la acotación que entra «una mocina con ojos de inocencia», trayendo un nido de tórtolas; y dice la muchacha: «Murieron las tórtolas que estaba criando para el lucerín. De hambre no fue. Así, frías como están, topelas en el nido.» La muerte de esas tórtolas precede inmediatamente a la del niño, anunciándola y confiriéndole un halo especial, de acuerdo con el tradicional simbolismo de la paloma como víctima inocente, como víctima propiciatoria.

Símbolos vegetales

La serie de imágenes vegetales ofrece en el *Retablo...* menos interés que en otras obras del teatro mítico. Con todo, no faltan aquí y allá imágenes de esta clase en acotaciones y diálogos, de las que el dramaturgo se sirve para intensificar el dibujo de sus personajes o ambientar la acción de una forma más colorista o más precisa. Como muestra de esto último, bastará retener las extensas acotaciones con que se abren las tres jornadas de *El embrujado*. A veces, el símil vegetal es de una visualidad extraordinaria; por ejemplo, ese coro de hilanderas, compuesto por un grupo de mujeres jóvenes y una anciana, que se compara con un «ramo bermejo y dorado de manzanas con una arrugada como las reinetas». Ahora bien, la gran metáfora vegetal del *Retablo...* es, sin discusión alguna, la rosa —bien que ésta sea de papel, por razones que intentaremos dilucidar.

Ya el nombre de la protagonista hace que la veamos como una flor. No sólo eso, sino que Floriana se identificará, plenamente, con la rosa. Nótese que hasta cuatro veces se menciona la rosa de papel en las acotaciones: en la prolongada descripción del cuerpo amortajado; y otras tantas en las intervenciones de Simeón Julepe. Éste, al contemplar aquél, experimenta un creciente y, al fin, incontrolable deseo, que culmina con el incendio de la fragua. Es claro que, en ese contexto, la rosa en cuestión está impregnada de simbolismo: es la rosa de Venus, la rosa que habla del misterio de la mujer y del amor, que cifra el enigma de la vida y de la muerte. Pero se trata de una rosa... de papel. ¿No supone esto una auténtica degradación? Ciertamente, sí. Ahora bien, repárese en las coordenadas en que aparece:

> La difunta, en el féretro de esterillas doradas, tiene una desolación de figura de cera, un acento popular y dramático. La pañoleta floreada ceñida al busto, las tejas atirantadas por el peinado, las manos con la rosa de papel sa-

liendo de los vuelillos blancos, el terrible charol de las botas, promueven un desacorde cruel y patético, acaso una inaccesible categoría estética.

No cabe duda de que estamos en los dominios del esperpento: lo acredita bien ese *desacorde*. A través de esta inquietante descripción, Valle-Inclán ha conseguido transmitir un profundo sentimiento de algo que es a la vez grotesco y trágico: tanto más grotesco por ser trágico; tanto más trágico por ser grotesco. No resulta superfluo pensar en el teatro del absurdo y, especialmente, en Beckett: el Beckett de *Esperando a Godot*, de *Final de partida*. El incendio con que se cierra la acción devuelve a esta angustiosa estampa toda su aura mítica; y en particular, a la rosa. Ya una de las acotaciones había establecido una secreta afinidad con el fuego, a través de esta impronta visual: «En el crispado enclavamiento de las manos, la rosa de papel se enciende como una llama.» Ahora, a punto de caer el telón, esa afinidad se subraya de manera inequívoca, al decírsenos que «arde la rosa de papel como una rosa de fuego».

Función simbólica de los cuatro elementos

Este fuego, que acabamos de destacar, viene a entreabrirnos la serie de imágenes que hemos llamado elementales, es decir, concernientes a los cuatro elementos. En *El embrujado*, el fuego desempeña también una función notable. Varias acotaciones del acto III lo demuestran; por ejemplo: «La cocina tiene una paz de retablo. Danzan las llamas en el hogar, y en torno todas las figuras están quietas, imbuidas de misterio.» Los diálogos, asimismo, convergen en este propósito magnificador. Increpando a La Abuela y a la Ofrecida, Juana de Juno les impide acercarse: «No embrujéis la lumbre, de lejos.» Después, tras la aparición de El Ciego de Gondar y María Virula, anunciando el secuestro del niño —ellos mismos no saben todavía que ha muerto—, Don Pedro decide ir en su busca, y con él quieren ir todos los criados; lo que da pie al autor para llenar de fuego el escenario: «¡Ya están encendidas las teas!», advierte Juana de Juno. Y precisamente entonces —fuego en el hogar, teas encendidas—, llega Malvín con el niño muerto.

Tanto en *La rosa de papel* como en *El embrujado,* hay una sacralización del fuego. Es una sacralización que está en el folklore, y de un modo peculiar en el folklore de Galicia [14 bis], pero Valle-Inclán se apodera de ella, la convierte en *forma* dramática. Otro tanto podemos decir de las imágenes del agua. Su simbolismo es muy amplio. Mircea Eliade afirma que «las aguas simbolizan la totalidad de las virtualidades; son *fons et origo,* la matriz de todas las posibilidades de existencia». Y escribe igualmente que «desde la prehistoria, el conjunto agua-luna-mujer era percibido como el circuito antropocósmico de la fecundidad» [15]. En el teatro mítico valleinclaniano, el símbolo se nos propone con las multivalencias que le asigna la tradición mágica. Ciñéndonos al *Retablo...,* cabe señalar su presencia algo misteriosa en *El embrujado,* acto II —el río tranquilo, la lluvia menuda— y en *La rosa de papel* —acompañando la agonía de Floriana de manera fatídica: «frío, lluvia, ventisquero»—. Mayor intensidad adquiere en *Ligazón.* «A la vera del tapial la luna se espeja en las aguas del dornil donde abrevan las yuntas.» Así pues, el agua como espejo: como espejo mágico. Sobre ese dornil hará su invocación La Mozuela y en sus aguas verá, prodigiosamente, cuanto le ocurre a El Afilador lejos de aquí. En *Sacrilegio,* la charca cumple una función muy próxima; de hecho, las acotaciones hablan del «espejo de la charca». En ella se mira Padre Veritas, intentando comprobar cómo

---

[14 bis] Para una perspectiva general, puede consultarse: Gastón Bachelard, *Psicoanálisis del fuego,* Madrid, Alianza Editorial, 1966. Y en particular sobre Galicia: Enrique Casas Gaspar, *Ritos agrarios. Folklore campesino español,* Madrid 1950, pág. 35. Vicente Risco, «Notas en col do culte do lume na Galiza», en *Homenagem a Martín Sarmiento,* 1933.

[15] Mircea Eliade, *Tratado de historia de las religiones,* México, Ediciones Era, 2.ª ed., 1975, págs. 178 y sigs.

ha quedado la tonsura que acaba de afeitarle Pinto Viroque, mientras Carifancho le ilumina con una linterna. Pero la imagen de sí mismo —imagen sacrílega— que ve reflejada allí, le turba y llena de «beato temor»; se diría que la realidad, de pronto, cobra una dimensión insospechada: el ojo de la linterna que «mete su guiño» es «como un lucero sobre la tonsura», y al Padre Veritas su imagen se le presenta «sellada por un cristal infinitamente distante del mundo en la cláusula azul de la charca».

Símbolos cósmicos

Vengamos a la serie de carácter cósmico. A través del coro de las hilanderas en *El embrujado,* la rueca se dibuja con fuertes líneas. En *Ligazón,* con la rueda giratoria de El Afilador, sucede otro tanto en descripciones tan felices como ésta: «El Afilador espera, ya cargado con la araña de su artilugio. Proyecta la rueda su círculo negro en el cruce barcino de las tres sendas.» O esta otra: se aleja El Afilador y «el negro trebejo sobre los hombros del errante perfila su rueda con rara sugestión de enigmas y de azares».

Rueca y rueda coinciden, como símbolos, en sintetizar la idea del tiempo, del discurrir de la vida. La rueda, por otra parte, tiene un ámbito de significación muy extenso. Siguiendo a Cirlot, comprobamos, de un lado, su adscripción al sol, y, de otro, su asimilación al simbolismo del polo (eje, movimiento giratorio). Y muy importante para nosotros: citando a Guénon, Cirlot escribe que «el símbolo céltico de la rueda se conservó durante la Edad Media» y que «son ejemplos de él los óculos ornamentales de las iglesias románicas y los rosetones góticos». Raíces, lejanas resonancias célticas... Limitándonos a confirmar su reactualización en Valle, y para terminar con el símbolo de la rueda, veamos ahora un nuevo pasaje de *Ligazón,* donde es posible reconocer ese segundo aspecto del símbolo: eje, polo, noción de movimiento. Se trata, por lo demás, de un verdadero rito iniciático. Dice La Mozuela, contestanto a los requerimientos de El Afilador: «Te bebes la copa, tomas soleta y, cuando acabes la vuelta al mundo, te daré respuesta.» Y replica él: «Esa rueda que tan deforme te pintas, la corro yo en menos de un credo.» Hay en seguida una alusión satánica, una más de las innumerables que llenan el *Retablo*... Dice La Mozuela: «¡Ni que tuvieras las botas de siete leguas»; a lo que replica El Afilador: «Para esos viajes me suspendo del rabo de un amigo.»

Ahora bien, el símbolo cósmico dominante en el *Retablo...*, y en el teatro mítico valleinclaniano en general, es la luna. Hasta el punto de que no es exagerado hablar aquí de un auténtico culto lunar, cuya vinculación con el folklore de Galicia ya ha sido estudiada, sobre todo por Rita Posse [16].

Yendo de menos a más, empecemos por destacar las menciones —aisladas— de ciertos ritos lunares. Así, por ejemplo, en esta propuesta de La Moza del Ciego: «A este cativo (Anxelo) le hicieron mal de ojo, y menester será llevarlo a que reciba las ondas de la mar bajo la luna de media noche.» O en esta otra de Rosa Galans: «Vamos a cenar todos juntos una empanada, bajo la luna, al arrimo de un roble, como las brujas» (*El embrujado,* II). Escenográficamente, la luna es una presencia física, obsesiva, inevitable: «la luna se espeja en las aguas del dornil» (*Ligazón*); «el claro de luna en el huerto de limoneros» (*La cabeza del Bautista*); «por el halo de luna enfilan la boca del silo» (*Sacrilegio*)... A menudo, se tiene la sensación de que la luna acompaña a determinados personajes. En *Ligazón,* por ejemplo, El Afilador «levanta la quimera de su tabanque en el claro lunero». Y sobre todo, repárese en esta identificación de La Mozuela con la luna: El Afilador le

[16] Art. cit. En una perspectiva más amplia, para establecer unas coordenadas generales, y dentro de la interminable bibliografía que haría al caso, hay dos obras «clásicas» que siempre podrán consultarse con provecho: la ya citada, *Tratado de historia de las religiones,* de Mircea Eliade, y *Las brujas y su mundo,* de Julio Caro Baroja, Madrid, Alianza Editorial, 1968.

pide que salga al claro lunar; contesta ella, entre otras cosas, que tiene la cara «más fea que un tito», y él replica:

> EL AFILADOR.—La luna no dice eso.
> LA MOZUELA.—¡Es muy engañosa la luna!
> EL AFILADOR.—¡Hacéis pareja!

La luna se muestra, y cobra ya un relieve especial, en los momentos que preceden al derramamiento de sangre. En *La cabeza del Bautista,* La Pepona «con un remangue, se sale al huerto lunero», y después «aparece levantando el azadón, que brilla a la luna». Pero es en las escenas claramente rituales donde adquiere un mayor protagonismo. Piénsese en *Ligazón.* Tres son las escenas mágicas que allí encontramos: la invocación de La Mozuela, la ligazón que da título a la obra y la muerte del ricacho. Y las tres tienen relación con la luna. En la muerte del ricacho, por ejemplo, la acotación nos hace ver cómo La Mozuela, recortada su figura en la ventana, «levanta el brazo» y «quiebra el rayo de luna con el brillo de las tijeras».

La correspondencia de los símbolos

Las cuatro series de imágenes, que hasta aquí hemos advertido, se entrelazan y articulan de forma sistemática, dándonos una resultante que es a la vez una búsqueda y una afirmación que hace el dramaturgo: la correspondencia de lo humano con lo animal, lo vegetal, lo elemental y lo cósmico. Esa correspondencia está en la tradición mágica, y todos los escritores simbolistas —cada uno a su manera— intentaron recuperarla, reactualizarla. Centrándonos en el teatro mítico valleinclaniano, observemos que, además de esta imaginería tan perfectamente cifrada, el autor se vale de otros recursos que, desde esa doble lectura simbólica, contribuirán resueltamente a que identifiquemos la representación teatral con un rito (la representación teatral en sí misma, en su totalidad, al margen de las ceremonias o ritos parciales, de origen folklórico, que en determinados momentos se hayan ido recogiendo en ella). De tales recursos, señalaré dos, que considero fundamentales: los coros y el sacrificio de víctimas inocentes.

En las piezas cortas del *Retablo...*, los coros (el coro de críos y el de vecinas, en *La rosa de papel;* el de rondadores, en *La cabeza del Bautista;* el de contrabandistas, en *Sacrilegio*) desempeñan una función clara y precisa. Pero es en *El embrujado* donde el coro llega a tener una presencia y un esplendor dramáticos, realmente, excepcionales. En el acto I, la acción se inicia con el coro de hilanderas: «La solana, este día con hilanderas que devanan en los serillos o tienen la rueca, se alegra como un carro de vendimias.» La intervención de El Ciego de Gondar, con sus canciones y sus acertijos, dará pie en esa misma jornada a una dilatada escena de amplio valor coral. En ocasiones, el coro proyecta sobre el escenario el requerido clima de misterio: «Bajo el arco que abre zaguán a la plaza hay una hilandera de figuras desvanecidas, diluidas, monótonas. Gesto y voz en la gama del gris» (act. III). Sentados frente al hogar, hilando o desgranando mazorcas, los criados forman, al comienzo del acto III, un coro de gran plasticidad. A estos criados se añadirán otros aldeanos más tarde, integrando el magnífico coro final, con teas encendidas, etc., que ha de recibir a Malvín con el niño muerto.

La muerte de criaturas inocentes es una constante de la literatura valleinclaniana, como hace años subrayó Ildefonso-Manuel Gil [17]. En lo que atañe a su teatro mítico, agreguemos nosotros que la *cantidad* de víctimas es, verdaderamente, llamativa; víctimas que pagan con la muerte, o con un atroz, desmesurado castigo, no se sabe qué olvidada hybris. Ahora bien, lo que nos importa más es ese tipo de víctima inocente, inmolada en una acción explícitamente ritual, pues, según nuestra interpretación, tales víctimas *resumen* todas las demás desde un plano simbólico.

Las piezas cortas del *Retablo...* quizá no revelen ese

---

[17] Cfr. «Las víctimas inocentes en Valle-Inclán», en *Valle-Inclán, Azorín, Baroja,* Madrid, Seminarios y Ediciones, 1975, págs. 47-79.

desenlace con unos perfiles tan nítidos. Pero lo sacrificial se encuentra, qué duda cabe, en el *cierre* de estas obras. En *Ligazón,* el ricacho, inmolado con las tijeras ya sacralizadas; en *La cabeza del Bautista,* El Jándalo, con el facón recientemente afilado por Don Igi; en *La rosa de papel,* Floriana y Julepe, devorados por las llamas; en *Sacrilegio,* El Sordo de Triana, muerto por el Capitán en plena confesión... Todas estas muertes, al producirse en el contexto simbólico que hemos descrito, adquieren de forma inmediata una innegable sacralidad: son sacrificios, son inmolaciones, cualquiera que sea en cada caso el motivo inmediato que las justifique en el plano de superficie de la acción. En cuanto a *El embrujado,* su planteamiento resulta, a este propósito, mucho más claro y más rico. El episodio de las tórtolas muertas, la presencia tan intensa del fuego, la disposición de los coros, etc., confieren a la posterior aparición del niño muerto un valor sagrado indiscutible; valor sagrado que se intensifica con su asimilación a lo blanco —emblema de inocencia— y con un explícito rasgo cristológico. Indica la acotación que Juana de Juno «le cruza las manos amoratadas sobre el pecho y le cubre la cara con un pañuelo blanco». Y allí, ante el fuego, la Mocina exclama: «¡Qué lirio blanco, blanco!... ¡Parece un Niño Jesús!» Es evidente que se trata de una de esas víctimas propiciatorias —esto es, que hacen favorables, benévolos a los dioses—, de que hablábamos líneas atrás. Como sucede en *Divinas palabras* con el enano hidrocéfalo, por poner otro ejemplo del teatro mítico valleinclaniano.

*

El procedimiento que hemos seguido hasta aquí consistente en una doble lectura de los textos: una lectura de superficie y una lectura del lenguaje simbólico, ha revelado su utilidad. Este simbolismo, que proviene de la estructura más profunda, proyecta sobre personajes y acciones un sentido más universal y sugerente. La realidad

—viene a decirnos el dramaturgo— no es sólo lo que vemos en las apariencias de las cosas; es también lo que no vemos, lo que llegamos a presentir a través del simbolismo del lenguaje. Así, estas ficciones del *Retablo...*, donde reconocemos los muy humanos y cotidianos instintos de la avaricia y de la lujuria, y los populares ceremoniales españoles de la muerte, nos acercan, sigilosamente, como sin querer, al misterio de la vida y del mundo. La representación, que está *implícita* en estos textos dramáticos, intenta recuperar los orígenes del teatro, pretende ser un rito. Pero sería ingenuo confundir esa pretensión con una apología del cristianismo o del paganismo celta o del ocultismo... O de cualesquiera religión o ideología determinadas. Los componentes mágicos, de procedencia tan varia y heterogénea, cristalizan en una forma artística perfecta; una forma artística con la que Valle-Inclán *contesta* a su sociedad y a su tiempo. Es decir, a nuestra sociedad y a nuestro tiempo, pues Valle es, como nosotros, hijo de una sociedad racionalista y burguesa; y este indagar suyo en lo mítico, en lo ritual y en lo mágico, como ocurre con los otros grandes escritores simbolistas, no es a la postre sino una manera indirecta de rechazarla.

RICARDO DOMÉNECH.

Madrid, diciembre de 1989

BIBLIOGRAFÍA SELECTA *

AMOR Y VÁZQUEZ, JOSÉ: «Los galaicismos en la estética valleinclanesca», en *Revista Hispánica Moderna*, XXIV, núm. 1, enero de 1958, págs. 1-26.

BUGLIANI, AMERICO: *La presenza di D'Annunzio in Valle-Inclán,* Milano, Cisalpino-La Goliardica, 1976.

Cuadernos de Estudios Gallegos. Santiago de Compostela, XXI, núm. 65, 1966. (Estudios de: Ramón Cabanillas, Ramón Otero Pedrayo, José Filgueira Valverde, Fermín Bouza Brey, Ricardo Carballo Calero y Benito Varela Jácome.)

Cuadernos Hispanoamericanos, LXVII, núms. 199-200, julio-agosto de 1966. (Estudios de: Sebastián Miranda, Luis S. Granjel, Mariano Baquero Goyanes, Rafael Conte, Juan Ruiz de Galarreta, Rafael Soto, Manuel Muñoz Cortés, Gaspar Gómez de la Serna, José Antonio Gómez Marín, Alonso Zamora Vicente, José Cepeda Adán, Emilio Miró, Andrés Amorós, Ramón de Garciasol, Ildefonso M. Gil, José María Souvirón, Francisco Ynduráin, Jacques Fressard, José Sánchez Reboredo, Hebe Campanella, Eduardo Tijeras, Jorge Campos, Raúl Chávarri, Pedro Díaz Ortiz, Carmen Bravo Villasante, Ricardo Doménech, Obdulia

* A pesar de alguna reiteración aislada, esta selección es independiente de la bibliografía consultada en el Prólogo, donde se dan las referencias bibliográficas completas, y en ella sólo se reflejan algunos libros y algunos números monográficos de revistas.

Guerrero, Robert Marrast, Rita Posse, José Manuel Blecua, Jacinto Luis Guereña y Fernando Toro Garland.)

DOMÉNECH, RICARDO, ed.: *Ramón del Valle-Inclán,* Madrid, Taurus, 1988. (Col. El Escritor y la crítica.)

DÍAZ-PLAJA, GUILLERMO: *Las estéticas de Valle-Inclán,* Madrid, Gredos, 1965, 297 págs. (Col. Biblioteca Románica Hispánica.)

FERNÁNDEZ ALMAGRO, MELCHOR: *Vida y literatura de Valle-Inclán,* Madrid, Taurus, 1966, 258 págs.

GÓMEZ MARÍN, JOSÉ ANTONIO: *La idea de sociedad en Valle-Inclán,* Madrid, Taurus, 1967, 138 págs. (Col. Cuadernos Taurus.)

GÓMEZ DE LA SERNA, RAMÓN: *Don Ramón María del Valle-Inclán,* Madrid, Espasa Calpe, 3.ª ed., 1959, 216 págs. (Col. Austral.)

GREENFIELD, SUMNER M.: *Valle-Inclán: Anatomía de un teatro problemático,* Madrid, Fundamentos, 1972, 300 págs.

GULLÓN, RICARDO, ed.: *Valle-Inclán Centennial Studies,* Austin, 1968, The University of Texas, 142 págs. (Estudios de Ramón Martínez López, Francisco Ayala, Ildefonso-Manuel Gil, José Rubia Barcia, José Luis Cano y Ricardo Gullón.)

Ínsula, XVI, núms. 176-177, julio-agosto de 1961. (Artículos y estudios de: Domingo García Sabell, Guillermo de Torre, Melchor Fernández Almagro, Gonzalo Torrente Ballester, Álvaro Fernández Suárez, Alonso Zamora Vicente, Joseph Silverman, Manuel Durán, Javier Bueno, Jean-Paul Borel, Ricardo Doménech, Sumner M. Greenfield y Carlos Martínez Barbeito.)

Ínsula, XXI, núms. 236-237, julio-agosto de 1966. (Artículos y estudios de: Francisco Ynduráin, Emma Susana Speratti-Piñero, Ramón Otero Pedrayo, Guillermo de Torre, Domingo García Sabell, Francisco Ayala, Manuel Durán, Gonzalo Torrente Ballester, Allen W. Phillips, Francisco García Pavón, Emilio Miró, Antonio Odriozola, Roberta L. Salper de Tortella, José Carlos Mainer,

Joaquín de la Puente, Salvador Lorenzana, Fernando Calvo, Jorge Campos, Obdulia Guerrero, José María de Quinto, Lesley Lee Zimic y Ricardo Carballo Calero.)

LAVAUD, ELIANE: Valle-Inclán. *Du journal au roman (1888-1915)*, Braga, Klincksieck, 1980, 663 págs.

LIMA, ROBERT: *An Annotated Bibliography of Ramón del Valle-Inclán*, University Park, Pennsylvania State University Libraries, 1972, 401 págs.

La Pluma, IV, núm. 32, enero de 1923. (Colaboraciones de: Eduardo Gómez de Baquero, Enrique Díaz-Canedo, Ramón Pérez de Ayala, Alfonso Reyes, Ramón María Tenreiro, Manuel Bueno, Ricardo Baroja, Corpus Barga, J. Moya del Pino, Jean Cassou, François de Miomandre, Ramón Gómez de la Serna, Jorge Guillén, Manuel Azaña y Cipriano Rivas Cherif.)

Primer Acto, núm. 28, noviembre de 1961. (Artículos de: José Monleón, Gonzalo Torrente Ballester, Adolfo Prego, Fernando Baeza, Francisco Sitja Príncipe, Alfonso Sastre, Ricardo Doménech, José María de Quinto y Vicente Vega.)

Ramón M. del Valle-Inclán, 1866-1966 (Estudios reunidos en conmemoración del centenario, La Plata, Universidad Nacional de La Plata, 1967, 460 págs. (Estudios de: Raúl H. Castagnino, Delia M. Zaccardi, Arturo Cuadrado, Domingo García Sabell, Valentín de Pedro, Gustavo Caraballo, Bernardo González Arrili, Aurelia C. Garat, Gerardo Álvarez Gallegos, Mariano Montesinos, Guillermo Díaz-Plaja, Carlos Orlando Nallim, Patricio Esteve, Alfonso Castelao, Juan Carlos Ghiano, Emilio González López, Reyna Suárez Wilson Alegre, Ángel J. Battistessa, Emilio Carrilla, Susana I. de Yurkievich, Raquel Sajón de Cuello, Delfín Leocadio Garasa y Amelia Sánchez Garrido.)

Revista de Occidente, IV, núms. 44-45, noviembre-diciembre de 1966. (Estudios de: Antonio Buero Vallejo, José F. Montesinos, Julián Marías, Carlos Seco Serrano, José Antonio Maravall, Manuel García Pelayo, Corpus

Barga, Julio Caro Baroja, Domingo García Sabell, Evaristo Correa Calderón, Dionisio Gamallo Fierros y Germán Bleiberg.)

RISCO, ANTONIO: *El demiurgo y su mundo. Hacia un nuevo enfoque de la obra de Valle-Inclán,* Madrid, Gredos, 1977, 310 págs. (Col. Biblioteca Románica Hispánica.)

RUBIA BARCIA, JOSÉ: *Mascarón de proa (Aportaciones al estudio de la vida y de la obra de Don Ramón María del Valle-Inclán y Montenegro),* La Coruña, Ediciós do Castro, 1983, 370 págs.

RUIZ FERNÁNDEZ, CIRIACO: *El léxico del teatro de Valle-Inclán,* Salamanca, Universidad, 1981, 313 págs.

SMITHER, WILLIAM, J.: *El mundo gallego de Valle-Inclán,* La Coruña, Ediciós do Castro, 1986, 208 págs.

SPERATTI-PIÑERO, EMMA SUSANA: *El ocultismo en Valle-Inclán,* Londres, Tamesis Books, 1974, 202 págs.

ZAHAREAS, ANTHONY N., ed.: *Ramón del Valle-Inclán. An Appraisal of His Life and Works,* New York, Las Américas, 1968, 856 págs. (Estudios de: José Rubia Barcia, Sumner Greenfield, Anthony Zahareas, Francisco Ayala, José Ortega y Gasset, Amado Alonso, Manuel Durán, Roberta Salper de Tortella, José F. Montesinos, Joaquín Casalduero, Gonzalo Sobejano, William L. Fichter, César Barja, Enrique Anderson-Imbert, Rodolfo Cardona, Emma Susana Speratti-Piñero, Alice Clemente, Emilio González López, Ramón J. Sender, Ernesto Da-Cal, Gerald Gillespie, Alfredo Matilla, María Dolores Lado, Juan Bautista Avalle-Arce, Robert Lima, Edmundo García Girón, Raimundo Lida, Ciriaco M. Arroyo, Paul Illie, Malcolm Griffith, Jean-Paul Borel, Allen Phillips, Javier Herrero, Harold Boudreau, Joseph Silverman, Ricardo Gullón y Domingo García Sabell.)

ZAMORA VICENTE, ALONSO: *Las «Sonatas» de Ramón del Valle-Inclán. Contribución al estudio de la prosa modernista,* Madrid, Gredos, 1955, 190 págs. (Col. Biblioteca Románica Hispánica.)

NOTA PREVIA

El embrujado (Tragedia de tierras de Salnés) se publica en 1913, en el volumen IV de *Opera Omnia,* que edita Perlado en Madrid. Antes ha aparecido por entregas en el folletín de *El mundo,* entre el 25 de noviembre de 1912 y el 19 de enero de 1913, llevando el subtítulo de *Comedia bárbara* (con lo que Valle-Inclán señalaba, explícitamente, que es obra del mismo linaje que *Águila de blasón* y *Romance de lobos,* publicadas en 1907 y 1908).

La rosa de papel y *La cabeza del Bautista (Novelas macabras)* ven por primera vez la luz en *La Novela Semanal* (22 de marzo de 1924); y *Ligazón (Auto para siluetas),* en *La Novela Mundial* (26 agosto de 1926). En la reordenación definitiva de la *Opera Omnia* que publica Rivadeneyra, en el volumen IV (1927) continúa *El embrujado,* pero con *La rosa de papel, La cabeza del Bautista* (estas dos, subtituladas ahora *Melodrama para marionetas), Ligazón* y *Sacrilegio* (esta última, inédita hasta entonces, y subtitulada como *Ligazón: Auto para siluetas).* Un título común, uno de esos inspirados títulos valleinclanianos, engloba el conjunto: *Retablo de la avaricia, la lujuria y la muerte.*

La edición crítica del *Retablo...* deberá tener en cuenta todas las variantes que registran los textos en las ediciones citadas. No es éste, sin embargo, el propósito que aquí nos guía. De acuerdo con las características de la Colección, sólo pretendemos ofrecer el texto que Valle-Inclán dio por válido finalmente, depurándolo de posteriores erratas y de ultracorrecciones debidas a mano ajena, y añadiendo a pie de página una serie de aclaraciones léxicas que ayudarán mucho en la lectura de las cinco obras. Para tales aclaraciones, y además del Diccionario de la Real Academia Española y del *Diccionario normativo Galego-Castelán* (Vigo, Edit. Galaxia, 1988), se han consultado los estudios de José Amor y Vázquez («Los galaicismos en la estética valleinclanesca») y de Ciriaco Ruiz Fernández *(El léxico del teatro de Valle-Inclán)* (véase Bibliografía). En lo que concierne a *Sacrilegio,* se ha pedido ayuda al *Diccionario Gitano-Español,* de Tineo Rebolledo (ed. facsimilar de la de 1909, Universidad de Cádiz, 1988), y se han resuelto algunas dudas en un libro y un artículo de Carlos Clavería: *Estudios sobre los gitanismos del español* (anejo de la *Revista de Filología Española,* 1951) y «Nuevas notas sobre los gitanismos del español» (*Boletín de la Real Academia Española,* XXXIII, 1953); como también en las conocidas obras de Georges Borrow, *La Biblia en España* (trad. Manuel Azaña, Madrid, Jiménez Fraud Editor, 1921, vol. I) y de Julián Zugasti, *El bandolerismo. Estudio social y memorias históricas* (Madrid, 1876, vol. X).

No nos ha parecido necesario añadir notas a los galleguismos morfológicos y sintácticos, que el lector puede reconocer con facilidad. Pero quizá convengan, en esta página preliminar, unas cuantas precisiones. Aparte de la formación de algunos diminutivos en *-iño,* se verá utilizada con frecuencia la segunda persona del plural de imperativo (*mirai, mirailas, acompañailo, recordai, depositai*). Y en lo sintáctico, se advertirá a veces esta construcción: la preposición *a* seguida de infinitivo, en vez del gerundio *(siempre a recordar el secreto, no se esté callado a mirarme,* etc.). Asimismo, la anteposición del pronombre personal al verbo (*les lavar, a se apartar, lo dejar, nos encubrir*). Estos rasgos que acabamos de señalar acompañan, sobre todo, a los personajes populares, confiriéndoles una especial vitalidad y autenticidad. Tanto los galleguismos morfológicos y sintácticos como léxicos —en especial, estos últimos— suponen en conjunto un amplio caudal lingüístico, con el que Valle-Inclán enriquece, considerablemente, su literatura. Pero quede claro que no se trata de un uso arbitrario o inconsciente, sino, por el contrario, deliberado y selectivo, como hace tiempo demostró Amor y Vázquez.

En las notas a pie de página, para galleguismos, gitanismos y americanismos, nos valemos de las abreviaturas: galleg., gitan., american. Para el Diccionario de la Real Academia Española, DRAE.

RETABLO DE LA AVARICIA, LA LUJURIA Y LA MUERTE

LIGAZÓN. LA ROSA DE PAPEL. EL EMBRUJADO. LA CABEZA DEL BAUTISTA. SACRILEGIO

LIGAZÓN

AUTO PARA SILUETAS

DRAMATIS PERSONAE

LA VENTERA.
LA RAPOSA.
LA MOZUELA.
EL AFILADOR.
UN BULTO DE MANTA Y RETACO.

Claro de luna. El ventorrillo calca el recuadro luminoso de su puerta, en la tiniebla de un emparrado. A la vera del tapial la luna se espeja en las aguas del dornil [1] *donde abrevan las yuntas. Sobre la puerta iluminada se perfila la sombra de una mozuela. Mira al campillo de céspedes, radiados con una estrella de senderos. Pegada al tapiado, por el hilo que proyectan las tejas, una sombra —báculo y manto— discierne con trencos compases su tenue relieve. La sombra raposa conquiere a* LA MOZUELA

LA RAPOSA.—¡Para todos derramas tu sal! Tú me dirás que para todos tienes.

LA MOZUELA.—¡Qué ventolera!

LA RAPOSA.—Si por miramiento te lo callas, yo me asigno el texto, que con la verdad no condeno mi alma.

LA MOZUELA.—¡Tía, deje esos belenes!

LA RAPOSA.—Podías ser más orgullosa. ¿Tú no te miras al espejo?

LA MOZUELA.—Cuando voy a la fuente.

LA RAPOSA.—¿Y el espejillo de tu alcoba, nada te dice cuando de noche te acuestas?

LA MOZUELA.—No me veo con el sueño.

LA RAPOSA.—¡Qué pico tienes! Mira, sácame una copa de resolio [2].

LA MOZUELA.—¿ Grande o pequeña?

---

[1] *dornil:* neologismo inventado a partir de *dornillo. Dornillo:* dornajo. *Dornajo:* 2, Pesebre para toda clase de caballerías (DRAE).

[2] *resolio:* aguardiente dulce.

LA RAPOSA.—Si me la mides a conciencia, dámela mediana. ¿Por dónde para tu madre?

LA MOZUELA.—Dentro se halla.

LA RAPOSA.—Ahora me veo con ella. No me saques la copa. ¡Tu madre, si le da la tentación, es capaz de convidarme! ¡Ven! Pongámonos en el claro de luna. ¡Ven! ¡Vas a pasmar con una gargantilla de aljófares y corales!

LA RAPOSA *se palpa la faltriquera, y en los haces de la luna abre un estuche: Suspende la gargantilla en el garfio de los dedos, y la juega, buscándole las luces.*

LA MOZUELA.—¡Sí que es maja!

LA RAPOSA.—Venida de Oporto. ¡A ver cómo te cae!

LA MOZUELA.—De noche no luce.

LA RAPOSA.—Te la quedas, y haces el cotejo de día.

LA MOZUELA.—Pueden robármela.

LA RAPOSA.—Duermes con ella.

LA MOZUELA.—Y provocaba al ladrón para que me degollase.

LA RAPOSA.—Deja que te la prenda. ¡Sí que te da realce! ¡Lástima no tener un espejillo, para que puedas mirarte!

LA MOZUELA.—Lo que miro, tía, es la encubierta que usted trae. Guárdese la gargantilla, que dogal se me vuelve en la garganta.

LA RAPOSA.—Ten cabeza y no hables sin discernimiento. ¡Hoy eres una rosa!... ¡Mañana, unas viruelas, una alferecía, un humor, un aire ético, en último resultado, los años, te dejan marchita! ¡Ten cabeza! ¡Puedes lucir como una reina! ¡No son iguales todos los días! Hoy te acude la proporción de un hombre que te llena la mano de oro, mañana no la tienes.

LA MOZUELA.—¿Para qué me quiere ese hombre? ¿Para amiga, y que donde se canse me deje? ¡No estoy para tirarme!

LA RAPOSA.—¡Muy cotorra eres! ¡Tirarte! ¡Sedas vestirías! Quédate la sarta y no hagas desprecio.

LA MOZUELA.—Sí que lo hago.

LA RAPOSA.—¡Estoy atontada con la soberbia que muestras! ¡Pues tu madre te ha dado mejor enseñanza ¡Al miramiento que ella tiene nunca aprobaría esa correspondencia para un hombre de prendas! ¡Hija, tú no gobiernas con la cabeza! Voy a verme con tu madre. Ella tiene otra experiencia y sabe lo que suponen trabajos y penas.

LA MOZUELA.—El caso que usted maquina no hay madre en el mundo que lo resuelva sin contar con su hija.

LA RAPOSA.—Tu madre sabe lo que más te conviene.

LA MOZUELA.—¿De negarme yo, qué puede mi madre? ¿Qué puede? ¿Meterme el cortejo en la alcoba? ¡Dormiré con las tijeras ocultas bajo la almohada!

LA RAPOSA.—¡Loqueas! Tú estás encandilada por alguno que no te merece. ¡Amor tienes, y con tales desvaríos bien lo descubres! Mira, niña, amor es sujeto muy pasajero.

LA MOZUELA.—¡Para mí el aire!

LA RAPOSA *se mete por la puerta del ventorro, con galgueo trenqueleante*[3], *apoyada en el báculo.* LA MOZUELA, *en señal de menosprecio, canta sobre el umbral. Ladran remotos canes, y la sombra de un mozo afilador se proyecta sobre la estrella de los caminos luneros.*

CANTA LA MOZUELA:

¡Me dijo, me dijo,
que fuese su amiga!
Yo le jice, jice,
le jice la jiga.

EL AFILADOR.—¡Afilar tijeras y navajas! ¿Mocita, quieres que te limpie de orín las tijeras? ¡Te las pondré de plata!

LA MOZUELA.—¿Qué vas a llevarme?

EL AFILADOR.—Con un abrazo me dejas contento.

---

[3] *trenqueleante:* (galleg.) de *trenquelear,* caminar rozando una pierna con la otra.

LA MOZUELA.—¿Vives de esas pagas?
EL AFILADOR.—¿Cuáles mejores?
LA MOZUELA.—¿Y qué haces con quien te rehúsa el tal estipendio?
EL AFILADOR.—Cambiarlo a perronas.
LA MOZUELA.—Pues saca la cuenta, y me afilas las tijeras.
EL AFILADOR.—Sal al claro de luna para bien verte, y te diré los miles que supone en moneda el precio propuesto.
LA MOZUELA.—¿Por mi cara has de sacar la cuenta? ¡La tengo más fea que un tito!
EL AFILADOR.—La luna no dice eso.
LA MOZUELA.—¡Es muy engañosa la luna!
EL AFILADOR.—¡Hacéis pareja!
LA MOZUELA.—¡Nunca hasta el momento me has visto, y tacha me pones!
EL AFILADOR.—Sin haberte nunca visto, me eres conocida.
LA MOZUELA.—Otro tanto me acontece.
EL AFILADOR.—Vengan las tijeras, mocita.
LA MOZUELA.—Tómalas, y lúcete, tunante.
EL AFILADOR.—Van a quedarte de plata.
LA MOZUELA.—Sácales buenos filos y asegúralas del eje.
EL AFILADOR.—¡Te las dejaré como para la Reina de España!
LA MOZUELA.—Lúcete y aun te convido a una copa de anisete.

En el claro de luna gira su sombra la rueda del mozo afilador: Saca chispas de la piedra el acero. LA MOZUELA, *alertada y nocturna, sobre el vano luminoso de la puerta, hace saltar en la palma de la mano una moneda negra.*

EL AFILADOR.—Mocita, guárdate la perrona. Y pues rehúsas el abrazo, me caminaré sin paga.
LA MOZUELA.—¡Qué tuno eres!
EL AFILADOR.—Tunería del camino, que conduce a esta

puerta. Mirando al tu garbo, ¿qué otra me resta sino camelarte?

LA MOZUELA.—Prosero [4].

EL AFILADOR.—¡Tan majas, mocita, voy a ponerte las tijeras, que no tendrás alma para negarme el premio!

LA MOZUELA.—¡Ni lo sueñes!

EL AFILADOR.—Pues guárdate la moneda. Me beberé en tu compañía la copa de anisete.

EL AFILADOR, *sobre la rodilla del calzón, sacaba el último brillo a las tijeras: Las hacía jugar cortando un rayo de luna: Tornaba a pasarlas por la pernera.*

LA MOZUELA.—Que no me queden muy recias.

EL AFILADOR.—Para partir en el aire un cabello te han quedado, niña.

LA MOZUELA.—¿Dirás qué te adeudo?

EL AFILADOR.—Lo hablado.

LA MOZUELA.—Pues voy a sacarte la copa de anisete. ¿O tienes preferencia por otra bebida?

EL AFILADOR.—La más de tu gusto.

LA MOZUELA.—¡Buen peine eres! ¡Mira que pasan púas por esta puerta! ¡Pues a todos ganas!

EL AFILADOR.—¿Y ese mérito, no te obliga a una recompensa?

LA MOZUELA.—Te bebes la copa, tomas soleta y, cuando acabes la vuelta del mundo, te daré respuesta.

EL AFILADOR.—Esa rueda que tan deforme te pintas, la corro yo en menos de un credo.

LA MOZUELA.—¡Ni que tuvieras las botas de siete leguas!

EL AFILADOR.—Para esos viajes me suspendo del rabo de un amigo.

LA MOZUELA.—¡Buenas amistades tienes!

LA MOZUELA *ha desaparecido del vano luminoso:*

---

[4] *prosero:* charlatán.

Llega su voz del adentro. EL AFILADOR *espera, ya cargado con la araña de su artilugio: Proyecta la rueda su círculo negro en el cruce barcino de las tres sendas. Garbeando el talle, con la copa en alto, ahora salía del ventorro* LA MOZUELA.

EL AFILADOR.—Niña, si quieres que beba, antes tú mojarás el pico.
LA MOZUELA.—Ya lo he mojado.
EL AFILADOR.—Que yo lo vea.
LA MOZUELA.—Te daré ese gusto.

LA MOZUELA *moja los labios en la copa y se la ofrece al tuno, que levanta la quimera de su tabanque en el claro lunero.*

EL AFILADOR.—Me beberé tus secretos.
LA MOZUELA.—Por hoy no los tengo.
EL AFILADOR.—Los de mañana.
LA MOZUELA.—Prosero, más que prosero [5].
EL AFILADOR.—Hasta la vuelta, niña.

Se aleja. El negro trebejo, sobre los hombros del errante, perfila su rueda con rara sugestión de enigmas y azares: Bajo el cielo de estrellas, en el rezo susurrante de la noche aldeana, se desvanece. Salen a la penumbra lunaria del emparrado, la dueña y la tía maulona, dos sombras calamocanas [6] *con leria* [7] *tartajosa, esguinces y vaivenes.*

LA RAPOSA.—¡Tolondrean [8] las estrellas, comadre! ¡Este relajo de vida hay que alegrarlo!
LA VENTERA.—Del lobo, un pelo.

---

[5] *prosero:* véase nota 4.
[6] *calamocanas:* embriagadas (DRAE).
[7] *leria:* (galleg.) cháchara, conversación informal.
[8] *tolondrean:* neologismo a partir de *tolondro,* aturdido, desatinado y que no tiene tiento en lo que hace (DRAE).

LA RAPOSA.—¡Comadre, qué buena se conserva!
LA VENTERA.—Más es el aparente.
LA RAPOSA.—¡Comadre, la llevo en el alma!
LA VENTERA.—¡Comadre, pídame la vida!
LA RAPOSA.—Memoria la pido.
LA VENTERA.—¡Si soy olvidadiza, me muera!
LA RAPOSA.—¡Turulú! Vaya previniendo un empanada para el alboroque[9].
LA VENTERA.—¡Empanada de chicharrones y blanco de Rueda!
LA RAPOSA.—¡Cafelito y anisete!
LA VENTERA.—Un cocimiento de salvia es mejor para el flato.
LA RAPOSA.—¡El cafelito no me lo niegue, comadre!
LA VENTERA.—¡Comadre, que la ocasión llegue!
LA RAPOSA.—Usted esté terne para zurrar cordobanes[10], a usted corresponde ese ministerio. Comadre, si olvida que mis pasos van a llenarle la casa, le quiebro la suerte.
LA VENTERA.—Tengo un cuerno en el tejado.
LA RAPOSA.—De poco vale.
LA VENTERA.—¡A tuertas no se ponga conmigo, comadre!
LA RAPOSA.—¡Turulú! A tuertas y a derechas.
LA VENTERA.—Por las buenas, cuanto se tercie.
LA RAPOSA.—¡Y por las malas! ¡Mi fada es muy negra!
LA VENTERA.—¡Comadre, somos de un arte!
LA RAPOSA.—¿Usted es volandista?
LA VENTERA.—A las doce del sábado monto en la escoba, y por los cielos. ¡Arcos de sol! ¡Arcos de luna!
LA RAPOSA.—¡Está usted amonada!
LA VENTERA.—Amonada porque le saco ventaja.

---

[9] *alboroque:* agasajo que hacen el comprador o el vendedor, o ambos, a los que intervienen en una venta (DRAE). En la feria agraria gallega, sobre todo en la compra-venta de ganados y de aperos de labranza: de ahí, la fuerza de la metáfora.

[10] *cordobanes: cordobán,* piel curtida de macho cabrío o de cabra (DRAE).

LA RAPOSA.—¡A mí todas las noches me visita el Trasgo!

LA VENTERA.—¡Usted lo sueña!

LA RAPOSA.—¡Tan verdad como su retaleo! Comadre, ¿cuál es mi camino? La luna me ciega.

LA VENTERA.—La noche todo lo atolondra.

LA RAPOSA.—Por aquel estrellón me guío.

LA VENTERA.—Comadre, mandado me deja.

LA RAPOSA.—Te llevo en el alma, hermana.

LA VENTERA.—Hermana, pídeme la vida.

LA COMADRE *—báculo y manto— se pierde en la noche de estrellas. Remotos ladran los perros. Sentada en el borde del dornajo, trémulo de brillos, se ajena con despectiva canturia* LA MOZUELA. *La madre aspa los brazos.*

CANTA LA MOZUELA:

Por verme, por verme,
por verme la liga,
me dijo, me dijo
de hacerme su amiga.

LA VENTERA.—¿Cuál fue el consejo que te dio la comadre?

LA MOZUELA.—¿Cuál mi respuesta?

LA VENTERA.—¿Por qué no has recibido el presente?

LA MOZUELA.—No me apetecen las tales ferias.

LA VENTERA.—¡Ahí estás para tirarte!

LA MOZUELA.—Por lo mesmo.

LA VENTERA.—¡No te azorres! ¿Es tirarte pagar con agrado un fino rendimiento, y no lo es ponerte pico a pico con cada uno que va y viene?

LA MOZUELA.—Con ello nada pierdo.

LA VENTERA.—¿Y con tomar una prenda de estima, vendrás a decir que te echas por tierra? ¡Así me muera, si sabes tú lo que es miramiento!

LA MOZUELA.—¡Usted me lo enseña!
LA VENTERA.—Deja los descaros y ten seso.
LA MOZUELA.—Lo mío es mío.
LA VENTERA.—Tú nada tienes.
LA MOZUELA.—Tengo mi cuerpo.
LA VENTERA.—Ni ése es tuyo.
LA MOZUELA.—Habrá de verse.
LA VENTERA.—¡Y tanto! La gargantilla de tus desprecios, mírala aquí. ¡Aljófares y corales!
LA MOZUELA.—¡Ay mi madre! ¡Usted con poco se ciega!
LA VENTERA.—Por tu bien miro. ¿Dónde esperas una igual conveniencia? ¿Dónde la esperas? Tú estás ignorante de cuanto representa un amigo que no mira la plata. Si escuchas a tu madre, puedes verte con capitales.
LA MOZUELA.—¡No me camela ese punto, porque se venga saltando el oro en la palma de la mano!
LA VENTERA.—¡Negra de alma, ni por ti miras, ni por la vejez de quien se ha visto en tantos empeños para criarte! ¡Mira por tu madre, ya que por ti no mires, escarrilada [11]!
LA MOZUELA.—¡No se remonte, que está por demás! Una gargantilla de aljófares, para quien tanto tiene, nada representa. De perderme, que sea en carroza y para salir de cuidados. Con una gargantilla aún no ciego, y antes me doy a un gusto mío, para perderme.
LA VENTERA.—¡Libertina! ¡Relajada! ¡Deshonesta!
LA MOZUELA.—¡Con todo ello!
LA VENTERA.—No me hables renuente, gran pervertida, porque te desuello. ¡Bribona, más que bribona! ¿Dónde podías esperar una mayor suerte?
LA MOZUELA.—¡Suerte, con un punto que cambia como la veleta!
LA VENTERA.—Para fijar a esos hombres es el arte de las mujeres.
LA MOZUELA.—¿Y cuando que me faltase tal arte, quién me reparaba? Esa avería a mí no me acontece.

---

[11] *escarrilada:* descarrilada.

LA VENTERA.—Irás por donde tu madre te ordene.
LA MOZUELA.—¡Mi cuerpo es mío!
LA VENTERA.—¡Mala ralea, así pospones tu buena ventura! ¡Así la repeles!
LA MOZUELA.—Si ese cortejo usted me lo mete en la alcoba, se encontrará lo que deba encontrarse.
LA VENTERA.—¡A lo menos recibe sus dones y tenle parrafeo por la ventana! Ponte la gargantilla para que si le ocurre aparecerse esta noche te la vea puesta, y no me busques el genio.
LA MOZUELA.—Si le apetece mi garbo, que vaya y que venga y que se cabree.

Metíase la madre zaguán adentro, y en el pretil del dornajo quedaba la hija cantando. Lenta se oscurecía la luna con errantes lutos. La sombra ahuyentada de un perro blanco cruzó el campillo. Quedaba, todo de la noche, el cantar, abolida la figura de LA MOZUELA *en la nocturna tiniebla. Los pasos del mozo afilador eran sobre el lindero del campillo abismado de ecos.*

CANTA LA MOZUELA:

¡Sobre un pie la vuelta
de los mundos doy!
¡Cuando paso, quedo,
cuando quedo voy!

EL AFILADOR.—¡Me acoges con buen ensalmo!
LA MOZUELA.—¿Ya hiciste la rueda del mundo?
EL AFILADOR.—De cabo a cabo.
LA MOZUELA.—¿Por el aire sería?
EL AFILADOR.—¡Claramente que por el aire!

CANTA LA MOZUELA:

¡Cuando paso, quedo,
cuando quedo, voy!

El Afilador.—¿Niña, te has revestido de sirena y cantas de noche para atraer a los caminantes?

La Mozuela.—¿Te parece a ti eso?

El Afiladodr.—¡Acaso!

La Mozuela.—¿Y lamentarías que sirena fuese?

El Afilador.—Lo lamentaría, que has de tener muy ricas piernas, y las sirenas por los bajos no usan calcetas.

La Mozuela.—¿Estás cerciorado?

El Afilador.—Tal cuentan.

La Mozuela.—Pues entonces no debo ser sirena.

El Afilador.—Eso se gana el que te lleve.

La Mozuela.—No soy sirena; pero, sin serlo, en estas aguas del dornil, desde que te fuiste, he visto todos tus pasos reflejados.

E Afilador.—¿Sin faltar uno solo de sus tropiezos?

La Mozuela.—¡Ni uno solo!

El Afilador.—¿Y también me lees en la idea?

La Mozuela.—Ahí me detengo.

El Afilador.—¿Dónde, recordándote, me senté a fumar un cigarro? ¿Dónde ha sido? ¡Niña, si me lo aciertas, bruja te proclamo!

La Mozuela.—En la primera de las puentes estuviste recordándome.

El Afilador.—¡Cierto! Allí estuve recordándote, apoyado en el pretil, tan desconocido en la corriente con la lumbre del cigarro en la boca.

La Mozuela.—Y te digo más: Un susto pasaste.

El Afilador.—¡Cierto!

La Mozuela.—Te salió un can y en el hombro te clavó los colmillos. Mírate en el hombro la ropa rasgada.

El Afilador.—¡Eso te dio luces!

La Mozuela.—¡Lo que son destinos! ¡Ya no esperaba volver a verte! Tenlo, mozo, por concierto de las estrellas.

El Afilador.—¡Y del rabioso que me salió al camino!

Volaba un nublo sobre la luna, y en el morado tenebrario de la parra, a canto del tapial, borraban su bulto, los bultos del AFILADOR *y* LA MOZUELA. *Las voces abrían círculos alternos en el vaho de tinieblas.*

LA MOZUELA.—Todo dimana de aquello.

EL AFILADOR.—¿Adónde te hallas? ¿Adónde estás, que no te veo?

LA MOZUELA.—A tu vera estoy.

EL AFILADOR.—Ni verte ni palparte.

LA MOZUELA.—Me puse un anillo encantado. Cuando de primeras pasaste, un abrazo me pediste. Ven a tomarlo. ¿Qué dudas? ¿Por qué te reniegas?

EL AFILADOR.—¡Niña, se ha revestido en ti la serpiente!

LA MOZUELA.—¡Antes sirena!... ¡Ahora, serpiente! ¿Qué seré luego?

EL AFILADOR.—Mi perdición, si lo deseas. El Diablo ha maquinado este enredo para contárselo a la otra gachí, que me aguarda vestida y compuesta.

LA MOZUELA.—Recomiéndale el secreto a Patillas.

EL AFILADOR.—Tío Mengue, te llamo a capítulo. De lo que entre esta niña y un servidor se pase, boca callada, o te rompo un cuerno.

LA MOZUELA.—Eres ocurrente.

LA VOZ DE LA MADRE.— ¡Deja el cotorreo! ¡Sé más mirada! ¡Métete al adentro! Arrima la puerta, sin echar el fecho [12], aún pudiera esta noche venir alguno. ¿Tú me oyes?

LA MOZUELA.—¡Ay, mi madre, no renueve la gresca pasada!

LA VENTERA.—Éntrate a las apriesas, si no buscas verme salir con una escoba.

EL AFILADOR.—¡Buen trato te da la vieja!

LA MOZUELA.—Quiere perderme con un judío de mucha plata.

EL AFILADOR.—¡Y no falto de gusto!

LA MOZUELA.—Pues lo que más viene procurando, no lo encontrará... Tiene otro delante... Espérame, que te hablaré por la ventana.

---

[12] *fecho:* (galleg.) cerradura.

EL AFILADOR.—¿Tú eres contraria?
LA MOZUELA.—Mi flor no la doy por dinero.
EL AFILADOR.—¡Olé!
LA MOZUELA.—Lo que deba llevarse, se llevará. ¡Más, no! Aún te hablaré por la ventana. ¡Espérame!

En el vano luminoso de la puerta destaca por negro, enarbolando una escoba, la tía ventorrillera. El mozo afilador se disimula en la sombra.

CANTA LA MOZUELA:

¡Me muero de risa!
¡De risa me muero!
¡Tengo la camisa
con un agujero!

LA VENTERA.—¡Esta noche te majo [13], gran rebelde!
LA MOZUELA.—¡Poco sacará de ponerme negra!
LA VENTERA.—¡Métete al adentro, y no me condenes! ¿Dónde se ha sumido el tunante con quien tenías parrafeo? ¡Ya sé que estás oyéndome, negro de los caminos! ¿Qué se te ha perdido en esta puerta? ¿Callas? Si nada se te ha perdido, toma soleta. Métete al adentro, relajada. Pon el fecho. Si alguno viene, ya pulsará. Yo estaré alerta.

Se oye correr el cerrojo. La madre y la hija disputan tras de la puerta. El bulto del mozo afilador se despega sigiloso del tapiado. Maja la escoba, grita la vieja, llora LA MOZUELA. *El mozo afilador escucha, con la rueda al hombro. La disputa se aleja, se apaga, se encrespa, se extingue. Perdura el lloriqueo de* LA MOZUELA: *Enjugándose los ojos, sale a la ventana.*

LA MOZUELA.—¿Has oído a la vieja?
EL AFILADOR.—Alguna palabra me ha sonado.

---

[13] *te majo: majar,* quebrantar una cosa a golpes (DRAE).

LA MOZUELA.—¿Y qué conjetura sacaste?
EL AFILADOR.—Que busca dinero.
LA MOZUELA.—¿Quieres tomarme para ti?
EL AFILADOR.—¡No me pongas el agua a la boca si no he de catarla!
LA MOZUELA.—¡Responde!
EL AFILADOR.—¡No me encandiles, que desvanezco!
LA MOZUELA.—¡Tú serás el primero que me tenga!
EL AFILADOR.—¿A qué me ciegas?
LA MOZUELA.—¿Ciegas por tan poco?
EL AFILADOR.—¡Canela eres!
LA MOZUELA.—Descúbrete el hombro, y muéstrame la sangre que te mana.
EL AFILADOR.—Mírala
LA MOZUELA.—¡Llega!
EL AFILADOR.—¿Qué quieres?
LA MOZUELA.—¡Bebértela quiero!
EL AFILADOR.—¡Por Cristo, que bruja aparentas!
LA MOZUELA.—¡Y lo soy! Beberé tu sangre y tú beberás la mía.
EL AFILADOR.—¡Vaya un sacramento! Perdona, niña, si me relajo, pero ya estoy con soguilla.
LA MOZUELA.—¿Casado eres?
EL AFILADOR.—Los Dichos tengo tomados en Santa María de Todo el Mundo.
LA MOZUELA.—¿No te hallas capaz para beber mi sangre y darme a beber la tuya?
EL AFILADOR.—La cabeza, niña, me has mareado.
LA MOZUELA.—¿Sabes lo que es una ligazón?
EL AFILADOR.—Algo se me alcanza.
LA MOZUELA.—¿Y estás propicio?
EL AFILADOR.—Para cuanto ordenes.

LA MOZUELA, *con gesto cruel, que le crispa los labios y la aguza los ojos, se clava las tijeras en la mano y oprime la boca del mozo con la palma ensangrentada.*

LA MOZUELA.—¡Besa! ¡Muerde! ¡Ligazón te hago!

EL AFILADOR.—¡Vaya un arte de enamorar el tuyo!

LA MOZUELA.—Descúbrete el hombro: ¡Me cumple beberte la sangre!

EL AFILADOR.—¿Profesas de bruja?

LA MOZUELA.—¡De bruja con Paulina!

EL AFILADOR.—¡Pues no me arredro!

LA MOZUELA.—Pues entra a deshacerme la cama.

El errante se descuelga la rueda, y mete la zanca por el ventano. Apaga la luz en la alcoba LA MOZUELA. *Un bulto jaque, de manta y retaco, cruza el campillo y pulsa en la puerta. Rechina el cerrojo. Se entorna la hoja, y el bulto se cuela furtivo por el hueco. Agorina un blanco mastín sobre el campillo de céspedes. Cruza* LA MOZUELA *por el claro del ventano. Levanta el brazo. Quiebra el rayo de luna con el brillo de las tijeras. Tumulto de sombras. Un grito, y el golpe de un cuerpo en tierra. Tenso silencio. Por el hueco del ventano, cuatro brazos descuelgan el pelele de un hombre con las tijeras clavadas en el pecho. Ladran los perros de la aldea.*

LA ROSA DE PAPEL

MELODRAMA PARA MARIONETAS

DRAMATIS PERSONAE

LA ENCAMADA.
SIMEÓN JULEPE.
LA MUSA.
LA DISA.
LA COMADRE.
LUDOVINA LA MESONERA.
PEPE EL TENDERO.
UNA VIEJA.
LA PINGONA.
CORO DE CRÍOS.
VOCES DE LA CALLE.

Lívidas luces de la mañana. Frío, lluvia, ventisquero. En una encrucijada de caminos, la fragua de SIMEÓN JULEPE. SIMEÓN *alterna su oficio del yunque con los menesteres de orfeonista y barbero de difuntos: Pálido, tiznado, con tos de alcohólico y pelambre de anarquista, es orador en la taberna y el más fanático sectario del aguardiente de anís.* SIMEÓN JULEPE, *aire extraño, melancolía de enterrador o de verdugo, tiene a bordo cuatro copas. Bate el hierro. Una mujer deshecha, incorporándose en el camastro, gime con las manos en los oídos*

LA ENCAMADA.—¡Que me matas, renegado! ¡Que la cabeza se me parte! ¡Deja ese martillar del infierno!

JULEPE.—¡El trabajo regenera al hombre!

LA ENCAMADA.—¡Borrachón! Hoy te dio la de trabajar porque me ves a morir, que de no, estarías en la taberna.

JULEPE.—A mí la calumnia no me mancha.

LA ENCAMADA.—¡Mi Dios, sácame de este mundo!

JULEPE.—¡No caerá esa breva!

LA ENCAMADA.—¡Criminal!

JULEPE.—¡Muy criminal, pero bien me has buscado!

LA ENCAMADA.—¡Sólo vales para engañar!

JULEPE.—Florianita, atente a las consecuencias.

LA ENCAMADA.—¡Mal cristiano!

JULEPE.—Ni malo ni bueno.

LA ENCAMADA.—¡Mala casta!

JULEPE.—Tendré que ausentarme por no zurrarte la pandereta.

LA ENCAMADA.—¡Espera!
JULEPE.—¡No seas pelma!
LA ENCAMADA.—¡Oye!
JULEPE.—Me quedé sordo de un aire.

JULEPE, *ladeándose la gorra, se dirige a la puerta. El viento frío arrebuja la cortina cenicienta de la lluvia, que rebota en el umbral.* LA ENCAMADA *se incorpora con un gemido.*

LA ENCAMADA.—¡Escucha!
JULEPE.—¿Qué pasa en Cádiz?
LA ENCAMADA.—Lleva aviso por los Divinos. Espera. En este burujo de trapos tengo cosidos siete mil reales.
JULEPE.—No sería malo.
LA ENCAMADA.—¡Tantos trabajos para juntarlos! ¡Tantas mojaduras por esos caminos! ¡La vida me cuestan!
JULEPE.—¡No seas Traviata!
LA ENCAMADA.—¡Así me lo pagas!
JULEPE.—¡Qué esperanza!
LA ENCAMADA.—¡Lo que amasaron mis sudores, tú lo derrocharás en la taberna!
JULEPE.—¡A ver ese burujo!
LA ENCAMADA.—¡Déjamelo! ¡Espera! Palparlo, sí... Pero no te lo lleves. Ya lo tendrás. Espera que cierre los ojos. Palparlo, sí.
JULEPE.—¡Pues parece dinero!
LA ENCAMADA.—¡Siete mil reales! ¡Cuántos trabajos!
JULEPE.—¡Eres propiamente una heroína!
LA ENCAMADA.—No te lo lleves. Poco tendrás que esperar. Palpa, palpa cuanto quieras.
JULEPE.—¿Lo tienes bien contado?
LA ENCAMADA.—¡Siete mil trabajos!
JULEPE.—¿No te obcecas?
LA ENCAMADA.—¡Contados y recontados los tengo!
JULEPE.—¿Es puro billetaje?
LA ENCAMADA.—Billetaje de a ciento.
JULEPE.—¡Una heroína! No hay más. ¡Una heroína de las primeras!

LA ENCAMADA.—Simeón, procura mirar por los hijos, y no dejar mis sudores en la taberna.

JULEPE.—Ya estás faltando.

LA ENCAMADA.—¡Te conozco, Simeón Julepe!

JULEPE.—También yo conozco mis deberes.

LA ENCAMADA.—Lo que gastes en copas, a tus hijos se lo robas. ¡Sé hombre de bien!

JULEPE.—¡En ese respective ninguno me echa la pata!

LA ENCAMADA.—¡No me dejes sin los Divinos!

JULEPE.—Tendrás cuanto deseas. Eso y mucho más te mereces. ¡Qué duda tiene! Yo respeto todos los fanatismos.

LA ENCAMADA.—Estarás con la gorra quitada cuando entre el Rey del Cielo.

JULEPE.—¡Me sobra educación, Floriana!

LA ENCAMADA.—Pasa por la puerta de tía Pepa. Dile que venga para les lavar la cara a los críos y vestirles la ropa nueva. ¡Ángeles de Dios, que tan solos en el mundo se quedan!

JULEPE.—¡Floriana, con ese patetismo me la estás dando! ¡Hablas como si ya fueses propiamente un cadáver! ¡No hay derecho!

LA ENCAMADA.—¡Avísame los Divinos!

JULEPE.—Entodavía no estás para eso. ¿Dónde has puesto el burujo de los cuartos?

LA ENCAMADA.—Bajo la rabadilla lo tengo. Date priesa, Simeón. ¡Quiero estar despachada!

JULEPE.—¡Una heroína propiamente!

LA ENCAMADA.—Toma soleta.

JULEPE *se afirma la gorra, y sale contoneándose. Cuando se desvanece el rumor de los pasos, la adolecida se incorpora abrazada al burujo de los dineros: En camisa y trenqueando sube la escalerilla del fayado*[14]. *Se la oye dolerse, entre un pisar deshecho y con pausas, por la tarima del sobrado: Helada y prudente, reaparece en la escalera: Casi a rastras llega al cocho*[15] *y se sume*

---

[14] *fayado:* en Galicia, desván que por lo común no es habitable.

[15] *cocho:* (galleg.) 2, Cuadra del cerdo.

en las mantas remendadas: Atenta y cadavérica, el rostro perfilándose sobre un montón de trapos, cuenta las tablas del piso: En su mente señala el escondite que acaba de dar al tesoro. Dos vecinas cotillonas, figuras grises con vaho de llovizna, se meten de un pulo[16] *por la puerta, ponderando el arrecido de la helada, con canijo estremecimiento de las sayas húmedas y pingonas. Llega de fuera una ferranchada*[17] *de chicos que arrastran un caldero, y olor de sardinas asadas.* LA MUSA *y* LA DISA —PEPIÑA MUS *y* JUANA DIS— *son las comadres que ahora entraron.*

LA MUSA.—Bien la aciertas quedándote en las pajas, Floriana. ¿Con qué ánimos estás?

LA ENCAMADA.—¡Acabando!

LA MUSA.—¡Sí que no tienes muy buena cara!

LA DISA.—¿Y el médico no te receta?

LA ENCAMADA.—Su receta fue que me dispusiesen.

LA MUSA.—No llames al médico, Floriana. Si quieres gastarte un duro, mándale decir una misa a San Blas. ¡Te aprovechará mejor que si lo tiras en médico y botica!

LA DISA.—Al médico siempre es bueno tenerlo avisado. ¡Y si no, acuerda cuando se despachó tía Cruces! El médico negó el certificado, y trajo mayores gastos, porque se metió la curia.

LA ENCAMADA.—Al Juzgado, para comerse una casa, con poco motivo le basta.

LA MUSA.—¿Y tú, pues tan sin pulsos te hallas, no piensas arreglar las cuentas del alma?

LA ENCAMADA.—Simeón salió por los Divinos.

LA DISA.—¿Estás confesada?

LA ENCAMADA.—Desde ayer tarde. Mi cuenta tengo rendida en este mundo y en el otro.

LA MUSA.—¡Muy dispuesta te encuentras!

LA ENCAMADA.—Acato la divina sentencia.

---

[16] *pulo:* (galleg.) salto.

[17] *ferranchada:* de *ferranchos,* chatarra, hierro viejo, trozos inservibles de hierro. «Valle-Inclán lo usa para significar el ruido producido al arrastrar un objeto de hierro» (Amor y Vázquez).

LA MUSA.—¡Alabada sea tanta conformidad! Aun cuando no salga ser ésta tu hora, bien haces en estar preparada, Floriana.

LA ENCAMADA.—¡Acabo!

LA DISA.—¿No tomas aguas templadas?

LA MUSA.—Una gota de anisado te daría calor.

LA ENCAMADA.—¡Espantaime el gato de sobre la cama!

LA DISA.—¿Dónde ves tú el gato?

LA MUSA.—Es propio delirio, Disa. Mírala que vira los ojos como para el tránsito.

LA ENCAMADA.—¡Espantaime ese gato!

A éstas SIMEÓN JULEPE *entra de la calle, la gorra cargada sobre una ceja y el paso claudicante de borracho. Da una zapateta viendo a las cotillonas, y se arranca los pelos.*

JULEPE.—¡Rediós! ¡A se apartar prontamente! Manos en alto.

LA MUSA.—¡No escandalices, borrachón!

JULEPE.—¡A ponerse treinta pasos de esa cama!

SIMEÓN *saca del pecho un papelote de rosquillas, y con doble traspiés se lo entrega a las manos cadavéricas que salen de las mantas remendadas.*

JULEPE.—¡Floriana, hazme el favor de decir qué hacen aquí estas maulas!

LA ENCAMADA.—¡Espantaime ese gato!

LA MUSA.—¡Te repudia con ese texto!

JULEPE, *las manos entre las mantas, cachea bajo el desmadejado fantasma, que se duele con estertores.* JULEPE *se hiergue tirándose de la greña.*

JULEPE.—¡Puñela! ¡Mala rabia! ¡A cerrar prontamente esas puertas! ¡A soltar lo robado! ¡Los sudores de esta heroína, el pan de mis vástagos!

LA MUSA.—¡Buena la traes!

JULEPE.—¡Solemnísimas ladras[18]!

LA DISA.—¡El ladrón lo eres tú, que así nos quitas la fama!

JULEPE.—¡Siete mil reales cosidos en un burujo!, ¿quién los ha robado?

LA MUSA.—¡Un burujo! ¿Y de cuánto has dicho?

JULEPE.—¡Siete mil reales!

LA MUSA.—¡Quimerista!

LA DISA.—¡Borrachón!

JULEPE.—¡Siete mil reales en billetaje de a ciento!

LA MUSA.—¿Cuándo te tocó la lotería, Simeón?

LA DISA.—¿Dónde has visto tú siete mil reales? ¿Pintados?

JULEPE.—¡Rediós! ¡Ahorros y privaciones de esta mártir modelo! Florianita, contesta a estas maulas con un corte de mangas.

LA DISA.—¡Sácanos de este entredicho, Floriana! ¡Di tú si al jergón hemos tocado!

LA MUSA.—Déjala en el sopor. A mi ver tiene perdida el habla.

JULEPE.—¡A volver prontamente lo robado!

Declamatoria, PEPIÑA DE MUS *se encorvaba sobre el camastro, tocaba las manos yertas enclavijadas en el papelote de rosquillas, accionaba, movía un brazo en el aire, como alón desplumado.*

LA MUSA.—¡Descúbrete la cabeza y arrodíllate, Simeón Julepe!

JULEPE.—¿Pues?

LA MUSA.—¡Acabó!

JULEPE.—¡Un ángel pierdo!

LA DISA.—¡Ya está fría! Para mí acabó cuando este veneno entraba. ¡Aquel gran suspiro que dio ha sido para entregar el alma!

[18] *ladras:* (galleg.) ladronas.

SIMEÓN *se arranca la gorra. El aire melodramático: Marchando con la cara torcida, sin perder ojo de las cotillonas, cierra la puerta. Recostándose en el muro con un traspiés, se mete la llave en la faja.*

JULEPE.—Voy a cachear por el burujo. ¡Si no parece, os paso de un balazo y me como vuestras entrañas!

LA DISA.—¡Deja esa tema, grandísimo borracho! ¡Respeta la muerte!

LA MUSA.—¡No me quites la devoción de rezarle por el alma a la difunta, Julepe!

JULEPE.—¡Si el burujo no parece, os coso a puñaladas!

SIMEÓN *catea entre las mantas, hunde en el jergón la ansiosa lividez de sus manos tiznadas, remueve el cuerpo de la difunta.*

JULEPE.—¡Rediós! ¡Aquí no hay nada! ¡Disponeros a morir por ladras, grandísimas maulas!

LA DISA.—¡Mala centella te abrase la lengua, borrachón!

JULEPE.—¡A rezar el Señor Mío!

LA MUSA.—¡Mira bien, relajado!

JULEPE.—¡Ladras!

LA DISA.—¡Ésa es la dolor que te pasa, Lutero!

LA MUSA.—¡Lo que tuvieras, ahí lo tendrás! Vamos a sacar del cocho a la difunta.

Toman el cuerpo en vilo y se deshace el flaco nudo de las manos derramando el papelote de rosquillas: En la lividez de los dedos se aguzan las uñas violadas: Salen de la camisa rabicorta las canillas, doblándose como rotas velas.

LA DISA.—¿Dónde la posamos? En el suelo parece escarnio.

LA MUSA.—Pongámosla sobre el banco.

Dejan el cuerpo de la difunta arrimado a la pared, en

un banco rojo y angosto. JULEPE *levanta el camastro, aventa el jergón, sacude los guiñapos remendados.*

JULEPE.—¡Nada! ¡Nada! ¡Nada! ¡Robado! ¡Inicuamente robado! ¡A morir se ha dicho, so maulas!

LA DISA.—¡Ah de Dios! ¡Acudide vecinos! ¡En cas [19] de Julepe! ¡Nos degüella vivas este sanguinario!

LA MUSA.—¡Ay Julepe, si cojo una tranca!

En la batalla de las cotillonas y el borracho, la difunta rueda de la tarima y queda de bruces, con el faldón sobre la rabadilla. Por la escalera del desván, en las alturas del fayo, aparecen tres críos desnudos, encadillados [20] *bajo un cobertor: Sucia pelambre, bocas lloronas, ojos apretados.*

CORO DE CRÍOS.—¡Ay mi madre! ¡Mi madre! ¡Mi madre!

JULEPE.—¡Ante vuestros ojos inocentes voy a picarles la garganta a estas malas mujeres!

Las cotillonas, cada una en su rincón, esperan prevenidas. PEPIÑA DE MUS *esgrime un picachón.* JUANA DIS *levanta el martillo del yunque.*

LA DISA.—¡Ven ahora, borrachón! ¡Ven, que te desmeollo!

LA MUSA.—Como soy Pepa Mus, el pecho te paso.

JULEPE.—¡Robado! ¡Robado! ¡Robado!

CORO DE CRÍOS.—¡Mi madre! ¡Mi madre! ¡Mi madre!

JULEPE.—¿No os conduele la orfandad de estos niños? ¡Puñela! ¡Con la vida vais a pagarlo!

Abre una arquilla que está pareja con el camastro y la vuelca. Entre el baratijo de lilailos [21] *sale un revólver an-*

---

[19] *cas:* apócope de casa, vulg.

[20] *encadillados:* (galleg.) *encadillar,* entrenzar, hacer trenzas o cadillos.

[21] *lilailos:* (galleg.) *lilaila,* objeto de escaso valor con el que se entretienen los niños, chuchería, fruslería.

tiguo, tomado de orín. El revólver romántico que de soltero llevaba JULEPE. *Ahora lo empuña con gozo y rabia de peliculero melodramático.*

JULEPE.—¡Tiene siete balas!
CORO DE CRÍOS.—¡Mi padre! ¡Mi padre! ¡Mi padre!
LA DISA.—¡Borrachón! ¡Mira qué ejemplo para esos huérfanos!
JULEPE.—¡A morir se ha dicho! ¡A morir, sin remedio! ¡A morir, por encima de la corona del Papa!
LA MUSA.—¡No te ofusques y cachea bien. El burujo de los cuartos, si es verdad que los había, tiene de parecer.
LA DISA.—¡Inocentes estamos, borrachón ! ¡Si pudiese hablar la difunta, lo hablaría igual!
LA MUSA.—¡Cachea entre las pajas. Bájale primero la camisa a la difunta, que parece un escarnio.
LA DISA.—¡Y un mal ejemplo para las criaturas!
LA MUSA.—Ponla en el banco.
JULEPE.—¡Cadáver frío, tú, solamente, puedes aclarar esta causa célebre!

JULEPE *se tira de los pelos. Del cadillo de críos, que hipan y lloran, sale una voz arratada.*

LA VOZ DE RATA.—¡El burujo de los cuartos lo escondió, después, mi madre en la bufarda [22]!
JULEPE.—¿Qué dices, ángel celeste?
LA DISA.—¡Inocente, tú nos salvas!

JULEPE *se lanza a la escalera y sube en dos trancos, desbaratando el retablo de monigotes que hipa y lloriquea bajo la claraboya. Los calcaños azules y las alpargatas desaparecen por la escotilla del fayado. En torno de la casa rueda un vocerío de comadres. Hay aporreos en la puerta y el ventano.*

---

[22] *bufarda:* (galleg.) buhardilla.

VOCES DE LA CALLE.—¿Qué pasa? ¿Sois vivos o muertos? ¿Quién pide auxilio?

LA MUSA.—¡Dos tristes mujeres!

LA DISA.—¡Con quitarnos la vida nos amenaza el borrachón de Julepe!

VOCES DE LA CALLE.—¡Julepe, no te ciegues! ¡Abre la puerta!

LA MUSA.—¡Entregó el alma la Floriana!

LA DISA.—¡Deja un gato de muchos miles!

VOCES DE LA CALLE.—¡Abre la puerta! ¡No te arrebates, Julepe!

LA DISA.—¡Echó la llave para nos degollar!

LA MUSA.—¡Este verdugo quería morcillas para el velorio!

LA DISA.—¡Viva me veo de milagro!

VOCES DE LA CALLE.—¡Julepe, abre! ¡Abre, Julepe!

JULEPE.—¡Ahí va la llave!

La llave cae de lo alto. JULEPE, *en la boca del escotillón corta con la navaja el cosido de trapos: Avista el dinero, y se guarda el burujo en la faja.*

CORO DE CRÍOS.—¡Mamá Floriana! ¡Mamá Floriana!

JULEPE.—¡Bien hacéis en llorarla, tiernos vástagos! ¡Esposa y madre modelo en los cuatro puntos cardinales! ¡Una heroína de las aventajadas!

JULEPE *se tira por la escalera con los brazos en aspa: y cae a los pies de la difunta: Se levanta abrazado con ella. El retablo de vecinos asoma mudo, sin traspasar la puerta, y en aquel silencio la voz del borracho se remonta con tremo afectado y patético.*

JULEPE.—¡Floriana, ángel ejemplar, no tengo lágrimas para llorar tu irreparable pérdida! ¡No las tengo! ¡Me falta ese consuelo! ¡Soy propia fiera! ¡Soy un corazón de piedra dura! ¡Floriana, contigo se derrumba esta familia! ¡Vuelve a la vida, Floriana!

A uno y otro lado le asisten las dos cotillonas, JUANA DIS *y* PEPIÑA DE MUS: *Aquélla sostiene la exangüe cabeza de la difunta, y ésta, los amarillos calcañares: Posan en el jergón la yerta figura de cera y la cubren con una sábana.* JULEPE, *el aire fatalista y menestral, estruja la gorra entre las manos, mira al cielo y sale.*

LA DISA.—¡Acompañailo alguno, que es un hombre desesperado!
LA MUSA.—Encarga la caja, Julepe.

Entran de refilón algunos chicuelos descalzos y pelones, la expresión unánime, curiosa de susto y malicia. Se deshace el cadillo de los tres que lloran bajo la claraboya: Salen coritos[23] *de la manta, bajan a la vera del cadáver.*

CORO DE CRÍOS.—¡Mamá Floriana! ¡Mamá Floriana!
LA DISA.—A estas criaturas hay que ver de cubrirles las carnes.
LA VOZ DE RATA.—Ya mamá sacó, después, de la hucha la ropa nueva.

LA MUSA, *que ha ido a cubrirse con la mantilla y ha vuelto, comienza un planto. Otra comadre sacude sobre el rígido bulto ensabanado un aspergis de agua bendita: Otra levanta una punta del lienzo y contempla el rostro de la muerta.*

LA COMADRE.—¡Qué blanca! ¡No tenía los treinta años! ¡Fue pretendida de caballeros y cayó con ese mala casta!
LA DISA.—¡Cegueras!
LA COMADRE.—¿No disponéis amortajarla antes de que encalle? ¡Mirai que después es mucha faena!
LA DISA.—No sabemos cuál sea la voluntad de Julepe.

---

[23] *coritos:* desnudos (DRAE).

LA COMADRE.—Cualisquiera aguarda lo que resuelva ese borrachón. Yo, por mi cuenta, voy a disponerla.

LA MUSA.—¡Ahora te ayudo, curmana[24]!

LA COMADRE.—Pondrésmosle la ropa de guarda. ¡Si había de llevarla una intrusa, va mejor empleada!

CORO DE CRÍOS.—¡Mamá Floriana! ¡Mamá Floriana!

LA MUSA *prolonga los alones de su mantilla sobre las cabezas de los tres coritos, y comienza una prosa dramática, ritual de tales fúnebres pasos.*

LA MUSA.—¡Tiernos ángeles, recordai siempre este momento de la última despedida a la cabecera de vuestra madre! ¡Perdéis el mayor bien de este mundo, cuyo es el amor de madre! ¡No más os digo! ¡El último beso depositai en la frente de esa rosa mártir!

El retablo de los tres coritos se encoge, lloroso, bajo los negros alones de la mantilla. PEPIÑA DE MUS *los empujaba sobre la difunta, abiertos los brazos y la cara vuelta a las otras comadres.*

LA MUSA.—¡Son duros de corazón estos rapaces!

LA COMADRE.—¡Criaturas, salen al tenor del ejemplo que reciben!

LA DISA.—¡Dióles ahora el aquel de quedarse aboyadas!

LA MUSA.—¡Rebeldes, el último beso depositai en el rostro de vuestra madre! Decí conmigo: ¡Madre inolvidable, mira por nosotros desde el Cielo! ¡Sé nuestro ángel en tantas ocasiones de pecar como ofrece a la juventud este valle de lágrimas! Considerai que de aquí va para la cueva.

CORO DE CRÍOS.—¡Mamá Floriana! ¡Mamá Floriana! ¡Qué tan fría! ¡Mamá Floriana!

LA MUSA.—¡Al fin rompieron estos rebeldes!

LA DISA.—¡Están asustados!

LA COMADRE.—Hay que vestirlos.

---

[24] *curmana:* (galleg.) *curmán*, primo carnal.

LA VOZ DE RATA.—¡Ya, después, sacó mamá la ropa nueva!

LA COMADRE.—¡Mujer de su casa!

LA MUSA *azota a barullo el corito nalgario de los tres rapaces, y los encamina por la escalera del fayado.*

LA COMADRE.—¡Criaturas, no saben el bien que pierden!

LA DISA.—¡Veinte mil reales deja ahorrados! ¡Julepe quería picarnos la garganta porque no daba con ellos!

LUDOVINA LA MESONERA.—¡Nadie le hacía un gato tan grande a la Floriana!

LA COMADRE.—¡Mujer de su casa!

PEPE EL TENDERO.—¡Se me hace mucha plata!

LA DISA.—Veinte mil reales que irán derechos a la taberna.

PEPE EL TENDERO.—¡Tienen muchas tripas! Si se le pone en la idea, puede encargar un panteón para esos restos.

LA COMADRE.—¿Adónde vas tú?

LA DISA.—¡No es tan negra la pena de Julepe!

PEPE EL TENDERO.—¡Ustedes, mujeres, ciertas cosas no las comprenden!

LA COMADRE.—¡Lo cierto es que sobrecogía verlo abrazado a la difunta! ¡Talmente el sermón del desenclavo!

LA DISA.—Su mérito no se le niega.

UNA VIEJA.—¡Mucho trabajaste en este mundo, Floriana!

Durante el palique, las cotillonas engalanan a la difunta: Con el pico de un paño mojado le lavan la cara: La incorporan para meterla el justillo y la saya nueva. Una vecina trae dos cabos de vela bajo la mantilla y, compungiéndose, los entrega a las comadres gobernadoras: Otra sale corriendo, y vuelve con una rosa de papel para adornar el lívido nudo de las manos yertas. A uno y otro lado chisporrotean los dos cabos de vela.

LA COMADRE.—Disa, cachea por una medias. No sé si le entrarán estas botinas. ¡Mirailas sin estrenar! ¡Por eso la vida mucho enseña! ¡Bien ajena estaba de que las estrenaría al ir para la cueva!
LA DISA.— Las estrena para comparecer en presencia de Dios. ¡Qué mejor empleo!

Entra una vieja pingona con el féretro terciado sobre la cabeza, seguida de un rapaz cirineo que porta la tapa. El retablo de huérfanos, ahora vestidos de domingo, con gorros de estambre y zuecos gaiteros, llora bajo la claraboya.

CORO DE CRÍOS.—¡Mamá Floriana! ¡Mamá Floriana!
LA PINGONA.—¡Criaturas, parten el alma! ¿Dónde descargo, Disa?
LA DISA.—Donde halles lugar.
LA PINGONA.—¿Y el viudo?
LA DISA.—¡Tramitando el entierro!
LA PINGONA.—El caso es que no demore. Encargó lujo, y veremos cómo habla al soltar los cuartos. ¡Catorce pesetas, sin caídas, que con ellas son diecinueve!
LA DISA.—¡Más hereda!
LA PINGONA.—¿Luego es verdad que la difunta deja un gato de dos mil pesos?
LA DISA.—No se sabe el cuánto. Será más o será menos.
LA PINGONA.—¡Era muy ahorrativa la Floriana!
LA COMADRE.—¡Mujer de su casa!
LA PINGONA.—Con muy buenas amistades. ¡Y a todo esto aún no le recé un gloria por el alma!

Se arrodilla a los pies del cadáver: Las luces de cera, con versátiles fulgores, acentúan el perfil inmóvil, depurado, casi translúcido: En el crispado enclavamiento de las manos, la rosa de papel se enciende como una llama. Remadado el rezo, se santiguaba LA PINGONA.

LA PINGONA.—¡Tiene manos de señorita!
LA COMADRE.—¡Cuando soltera fue muy madama, hora que estos tiempos no era conocida!

LA PINGONA.—¡Hasta le dejó una sonrisa la muerte! Así, lavada y compuesta, parece una propia Hija de María. ¡Y qué prendas! Pañoleta de galería, su buena falda, enagua de piquillos, botinas nuevas, medias listadas. ¡Talmente una novia!

LA COMADRE.—¡Mujer de su casa!

LA PINGONA.—Sabiendo buscarse las amistades. ¡Déjámele rezar otro gloria por el alma!

Entra, con un traspiés SIMEÓN JULEPE: *Metida por la cabeza, hasta los hombros, trae una corona de pensamientos y follaje de latón con brillos de luto, la corona menestral y petulante, de un sentimentalismo alemán.* JULEPE *tiene la mona elocuente.*

JULEPE.—¡Esposa ejemplar, te rendiré el último tributo en el cementerio! El Orfeón Los Amigos te cantará la Marsellesa. Yo, con el alma traspasada, no desertaré de mi puesto. Tu espíritu, libre de este mundo donde tanto sufre el proletario, merece que tu esposo inolvidable sacrifique en el acto fúnebre una mísera parte de tus sudores. ¡En los cuatro puntos cardinales, modelo de esposa, con patente! Tendrás los honores debidos, sin que te falte cosa ninguna. Tu inconsolable viudo te los garanta. El Orfeón Los amigos te ofrece la corona reservada a los socios de mérito.

SIMEÓN *deposita la corona a los pies de la difunta, y se retira para juzgar del efecto, con la gorra estrujada entre las manos. El retablo de vecinos guarda silencio. La difunta, en el féretro de esterillas doradas, tiene una desolación de figura de cera, un acento popular y dramático. La pañoleta floreada ceñida al busto, las cejas atirantadas por el peinado, las manos con la rosa de papel saliendo de los vuelillos*[25] *blancos, el terrible charol de las botas, promueven un desacorde cruel y patético, acaso una inaccesible categoría estética.*

---

[25] *vuelillo:* adorno de encaje que se pone en la bocamanga (DRAE).

JULEPE.—¡Floriana, que tan angélica te contemplo con esa rosa en las manos! ¡Floriana, astro resplandeciente, estas caritativas mujeres muy maja te pusieron! Todos nuestros vecinos se conduelen de mi viudez. El Orfeón Los Amigos te ofrece esa corona de mérito. ¿Nada respondes? Inerte en la caja, desoyes las rutinas de este mundo político. Me sobrepongo a mi dolor y digo: ¡Solamente existe la nada! No asustarse, vecinos, es el credo moderno.

LA MUSA.—¡Calla, borrachón, que hasta la propia finada parece escandalizarse!

JULEPE.—Yo no falto. ¡Floriana, que tan angélica te contemplo con esa rosa y las medias listadas! ¡Dispuesta pareces para salir en un espectáculo, visión celeste! ¡Se van a ver cosas chocantes en la puerta del Cielo! ¡Rediós, cuando tú comparezcas con aquel buen pisar que tenías, los atontas!

LA PINGONA.—¡Eso sería si fuesen profanos!

LA COMADRE.—Date un nudo a la lengua, Julepe.

JULEPE.—¡Rediós, era mi esposa esta visión celeste, y no sabía que tan blanca era de sus carnes! ¡Una cupletista de mérito, con esa rosa y las medias listadas!

LA MUSA.—¡Tú apuraste alguna torpe bebida de los Infiernos!

JULEPE.—¡Fuera de aquí, beatas y alcahuetas!

LA DISA.—¡Calla, escandaloso!

JULEPE.—Estoy en mi derecho.

Da un traspiés, abriendo los brazos sobre la difunta, y se entremeten, con escandalizado revuelo, las mujerucas.

LA COMADRE.—¡Serénate, Simeón!

LA DISA.—¡Hay que ser hombre fuerte!

JULEPE.—¡Lo soy!

LA MUSA.—¡Es un mal ejemplo!

JULEPE.—¡Apartarse, puñela! Estoy en mi casa y me pertenece esa visión celeste. ¡Con esa rosa y esas medias listadas, no es menos que una estrella de la Perla!

LA DISA.—¡Estragado!

JULEPE.—Estoy en mi derecho. ¡Ángel embalsamado, qué vale a tu comparación el cupletismo de la Perla! ¡Rediós, médicos y farmacéuticos, vengan a puja para embalsamar este cuerpo de ilusión! No se mira la plata. Cinco mil pesos para el que lo deje más aparente para una cristalera. ¡No me rajo! ¡Tendrás una cristalera, Floriana! Estoy en mi derecho al pedirte amor. ¡Fuera de aquí!

Otro traspiés para llegar a la difunta. Cae una velilla, y en las manos de marfil arde la rosa de papel como una rosa de fuego. Arden las ropas, arde el ataúd. SIMEÓN JULEPE, *entre las llamas, abrazado al cadáver, grita frenético. Las mujerucas retroceden, aspando los brazos. Toda la fragua tiene un reflejo de incendio.*

EL EMBRUJADO

TRAGEDIA DE TIERRAS DE SALNÉS

DRAMATIS PERSONAE

LA GALANA.
ANXELO.
MAURIÑA.
DON PEDRO BOLAÑO.
EL CIEGO DE GONDAR CON LA MOZA.
DOÑA ISOLDINA.
LA NAVORA.
JUANA DE JUNO.
LAS TRES HIJAS DE ROSA DE TODOS Y CINCO MOCINAS HILANDERAS.
MALVÍN.
EL CABEZALERO Y LOS FORÁNEOS DEL FORAL DE ANDRAS.
UNA VIEJA.
LA ABUELA Y LA OFRECIDA.
VALERIO EL PAJARITO CON GUZMÁN DE MEIS Y LOS HIJOS DE ALONSO TOVÍO.
EL CIEGO DE FLAVIA.
MUSQUILDA, ZAGALA DE LAS VACAS.
UN RAPACÍN.
DIANA DE SÁLVORA.

JORNADA PRIMERA

GEÓRGICAS

Una casa grande, toda de piedra, con aroma de mosto en el zaguán, galgo en la solana y palomas en el alero. Por delante cruza un camino de aldea, y entre el camino y la casa hay un campo verde, cercado de laureles viejos, donde pace una vaca. La solana, este día con hilanderas que devanan en los sarillos[26] *o tienen la rueca, se alegra como un carro de vendimias. La vieja caduca es* ANDREA LA NAVORA*: La del pelo cobrizo y los ojos zarcos,* JUANA DE JUNO. *Las otras tres, con los ojos como los mirlos, menudas, cetrinas y endrinas, son del nidal de* ROSA DE TODOS. *¡Las otras cinco, juntas en un banco, son rapazas tan nuevas, que aún no se sabe quién son! Estamos en tiempo otoñal, generoso y dorado, después de vendimias y espadelas*[27]. *Llegan por el camino los pagadores de un foral, y en la cancela salmodian una abuela y su nieta, que lleva en la mano el voto de una cabeza de cera*

LA NIETA.—¿Dan limosna para una misa? ¡Estoy mordida de un can de la rabia!

LA ABUELA.—Es la Ofrecida del Lugar de Condes.

JUANA DE JUNO.— ¿Dónde le mordió el can?

---

[26] *sarillos:* devanaderas.

[27] *espadelas:* (galleg.) espadilla para machacar el lino.

LA ABUELA.—Era pastora en Lugar de Condes. ¡Era pastora!

JUANA DE JUNO.—¡Que dónde le mordió el can!

LA ABUELA.—¿Qué dónde le mordió? ¡En la misma cara!... ¡En la misma cara!...

Llegan a la cancela los pagadores del Foral de András: Posan al arrimo del muro los costales de piel de carnero. Se adelanta el viejo que lleva la cabezalería.

EL CABEZALERO.—¡Los llevadores del Foral de András, que venimos a pagar el dominio!

LA ABUELA.—¡Una limosna para la ofrecida, que la mordió un can de la rabia!

Entra en la casa la moza del pelo cobrizo, y sale con dos mazorcas de maíz, que pone en las manos arrugadas de la abuela.

JUANA DE JUNO.—¡Tomad y andad con Dios!

LA ABUELA.—¡Mira qué espigas! Dos carozos desgranados. No se pierde tu amo, no se pierde.

JUANA DE JUNO.—Son muchos los pobres de Dios.

LA ABUELA.—Son muchos y han de ser más.

EL CABEZALERO.—¿Diste aviso que venimos a pagar los del Foral de András?

JUANA DE JUNO.—Ya está cumplido. Pregunta el amo si traéis furto o dineros.

EL CABEZALERO.—Fruto y dineros. Y preguntamos ahora nosotros a cómo nos pone mi amo el ferrado [28] de trigo, medida del Deán.

JUANA DE JUNO.—Ya os di su respuesta en el mercado de Viana. ¡A veintitrés!

EL CABEZALERO.—Ninguno lo precia tan alto.

JUANA DE JUNO.—Él tiene su propia ley.

---

[28] *ferrado:* medida agraria usada en Galicia, que varía entre 4 y 6 áreas.

El Cabezalero.—Como él no hay otro... Tanta avaricia, y se ve solo en el mundo.

Un Foráneo.—A veintitrés no lo pagamos. Traeremos el fruto.

El Cabezalero.—Y luego el fruto no lo recibe, con aquello de que tiene cizaña y está por escoger.

La Abuela.—Con la muerte del hijo se hizo más tirano. ¡Lástima de galán!

Juana de Juno.—¿Usted no era vecina de la moza que mantenía?

La Abuela.—Por tres años estuve viviendo arrente [29] de su puerta, en un agujero.

La Navora.—¿Cabía en él acostada? Pues ya estaba bien.

La Abuela.—¡Amén Jesús! No penséis que hago el pecado de pedirle más, a Dios Nuestro Señor.

La Abuela *y* La nieta *se alejan confundidas con los llevadores del foral.* El Ciego de Gondar *asoma por encima de los vallares el pico de su montera, y la moza que viene guiándole avisa con una gran voz.*

La Moza del Ciego.—¡El Ciego de Gondar!

La Navora.—¡Ya llega el Antruejo! ¡Verás tú qué mala idea trae!

Juana de Juno.—¡Nunca la tuvo buena!

La Navora.—¡Las viruelas que le picaron los ojos habían de picarle la lengua!

Juana de Juno.— ¡No madrugas, Electus!

El Ciego.—No madrugo porque velo.

La Moza del Ciego.—Somos casados de poco tiempo, y la cama nos llama.

La Navora.—Libremente lo declaras.

El Ciego.—Primero lo declara el enemigo que vos encisma la sangre, a viejas y mozas.

---

[29] *arrente:* (galleg.) junto, pegado, tocante.

JUANA DE JUNO.—Recuérdome, Virula, cuando ibas con el Ciego de Flavia. Todavía has de volver con él.

LA MOZA DEL CIEGO.—Este cativo [30] no consiente que lo hagan de menos.

EL CIEGO.—Tengo bien ferrado [31] el palo.

JUANA DE JUNO.—Pues el Ciego de Flavia lo juega de maravilla, que aprendió de mozo en la raya del Portugal.

LA NAVORA.—Como un lobo va por los caminos, deseando topar con vos.

EL CIEGO.—Ese día se verá quién sale con la cabeza quebrada.

LA MOZA DEL CIEGO.—No hay que hablar de lo que está por venir. Echa una copla, y vámonos mundo adelante, Electus.

EL CIEGO DE GONDAR, *con la cabeza agachada sobre el hombro, templa la zanfoña bajo la anguarina* [32] *portuguesa. Otra vez se alegra el coro de las hilanderas, ramo bermejo y dorado de manzanas, con una arrugada como las reinetas.* EL CIEGO DE GONDAR *canta y mueve un viejo son en el teclado desvencijado. La moza le acompaña con el pandero.*

EL CIEGO:

En Quintán de Castro Lés,
Quintán de barbas honradas,
Tiene Don Pedro Bolaño
Casa, regalo y labranzas.

---

[30] *cativo:* cautivo. Aunque palabra arcaica en castellano, se trata de un galleguismo que Valle-Inclán utiliza con mucha frecuencia.

[31] *ferrado:* participio de *ferrar*, guarnecer, cubrir con hierro una cosa (DRAE).

[32] *anguarina:* gabán de paño burdo y sin mangas, que en tiempo de aguas y frío, usan los labradores de algunas comarcas, a semejanza del tabardo (DRAE).

LA MOZA:

¡Ay! Un hijo que tenía,
Galán de muy buena gracia,
¡Ay! Traidores lo mataron
Entre la noche y el alba.

EL CIEGO:

Lloró el viejo como viejo,
Arrepuñadas las barbas,
Que toda su sangre entierra,
Con el hijo que enterraba.

LA MOZA:

¡Ay! Un murmuro le miente
Que el muerto prenda dejaba.
¡Ay! Prenda engendrada en moza,
Que tiene la casa llana.

EL CIEGO:

Y el viejo, sin maliciarse
Que van buscando sus arcas,
Hace traer al infante
Y en su casa lo regala.

Por una puerta baja salta un mozo gañán, medio desnudo, todo tinto de mosto: Es MALVÍN, *el hijo de la loca que guarda las cabras. Nació en el pajar, y en refajuelo jugó por los rincones de la cocina, rodando los calabazos de grandes vetas amarillas. Veinte años de comer el mismo pan, le han dado la lealtad de un mastín.*

MALVÍN.—¿Quieres probar cómo te hundo la zanfoña en las costillas y luego te meto los huesos en un haz? ¡Por una aventuranza!

EL CIEGO.—¡Tojos bravos! ¡Piedras sin alma! ¡Dejad al ciego que recoja su pan por los caminos! ¡En esta noche oscura no puede ver ni la mano que le daña, ni la que le concede el bien de caridad!

LA NAVORA.—¡Anda, gran enredador! Dormido ves tú como las liebres, ¡cuanto más, espabilado!

UNA DE LAS CINCO MOCINAS.—¡Parece un misionero! ¡Conmueve!

JUANA DE JUNO.—Míralo con cuánta priesa se camina. ¡No quiere aventuranzas! Ahora de antes, echó una prosa con más veneno que un verde alacrán.

MALVÍN.—Adentro la escuhé. La mejor que dice es un ramo de ortigas.

JUANA DE JUNO.—Suéltale el perro que le roa los calcaños.

Asoma en la puerta de la solana un hombre flaco, con capa de larga esclavina y medias azules. Le consume el rostro y le ahonda los ojos, la barba canosa y crecida de calenturas: Es DON PEDRO BOLAÑO.

DON PEDRO.—¡Dejad al Ciego! Harto sabéis que no es el Ciego el solimán [33] de sus prosas.

MALVÍN.—Por sabido que no. Otro raposo las urde sin salir del tobo [34]. Mas sea de la cabeza, sea del rabo, yo lo he de sacar.

DON PEDRO.—¡Deja sus incumbencias a Dios! Tú alcanza al Ciego y hazle que vuelva para hablar conmigo. Rapaz, te recomiendo que no lo maltrates. Suelta el cayado que tomaste.

MALVÍN *salta al camino. Fuerte, montés, manchado de mosto, dorado por el sol, tiene la gracia de un verso rudo en un poema antiguo.* DON PEDRO BOLAÑO, *lentamente, sin ruido, como una sombra, entra en la casa. Hay en toda*

[33] *solimán:* sublimado corrosivo (DRAE).

[34] *tobo:* (galleg.) madriguera, pequeña guarida de un animal salvaje.

su figura una tristeza medrosa, algo de fantasma y algo de desenterrado. Las hilanderas se inclinan, hablan quedo.

JUANA DE JUNO.—El aire frío de su capa hace roncar al gato en el quicio de la puerta.

LA NAVORA.—¡No es conocido don Pedro Bolaño! ¡Aquella risa tan liberal para pobres y ricos la enterró con el hijo que le mataron!

LA HIJA MÁS NUEVA DE ROSA DE TODOS.—¿Nunca se supo quién fue el matador?

LA NAVORA.—¡Nunca, jamás!

JUANA DE JUNO.—¡La abuela dice bien!... Si se supo, la justicia nunca lo encontró...

LA HIJA MÁS NUEVA DE ROSA DE TODOS.—¿Y el infante recogido, será verdad que no es sangre de don Miguelito?

UNA DE LAS CINCO MOCINAS.—Nos también lo tenemos oído... Decir, lo dicen. Pero la lengua del escorpión, de la estrella más alta, lo puede decir.

JUANA DE JUNO.—Hay quien lleva la paternidad escrita en el semblante.

LA NAVORA.—Y en la condición se revela la sangre. Pero todo ello viene andando los tiempos, Juana de Juno.

JUANA DE JUNO.—La Galana tuvo conversa con muchos.

LA NAVORA.—¡Notorio!

JUANA DE JUNO.—Cumple un año para la feria del Santiago, que la vi sentada en La Braña, riendo con un mozo, y atándose el pañuelo.

LA NAVORA.—Un pañuelo, por igual lo desata una mano que lo desata el viento.

JUANA DE JUNO.—Tuve un mal pensamiento y lo espanté para no condenar mi alma. Al disimulo pasé por detrás, y vi que le vi... ¡La espalda y los hombros llenos de tierra! ¿Qué hacéis, rapazas? ¿No lloráis ni reís?

LA NAVORA.—¡Afanes de loquear y de dar que decir tienen algunas mozas! ¡Con prados y maizales que es una gloria, ir a recoger esquilmo en La Braña! Las mozas de hoy no miran por su honra ni por la buena prenda que llevan vestida.

LA HIJA MAYOR DE ROSA DE TODOS.—¿Qué está diciendo? ¡Santa del Cielo! No miran aquellas que les cuesta poco trabajo ganarlo, que las demás bien reparamos.

LA NAVORA.—Si encuentran un cortejo que les deje una onza de oro, de nada les aprovecha.

LA HIJA MAYOR DE ROSA DE TODOS.—¡Cortejos de onza de oro, pendientes y gargantilla! ¡No son de este tiempo, señora Andrea la Navora!

Callan y mueven el huso las cinco mocinas todas en hilera como santas de un retablo. El banco cojea levantando una cabecera y los husos tienen un baile de holgazanes. Después, las cinco mocinas, siguen hilando, rígidas y cándidas.

JUANA DE JUNO.—La Galana tiene dos enemigos que la comen: El jarro de vino y la curia.

LA NAVORA.—Di tres enemigos, porque también levanta su quiñón el criado.

LA HIJA MAYOR DE ROSA DE TODOS.—¿El criado es el amigo de ahora?

JUANA DE JUNO.—Amigos tiene muchos, pero ése reina con todos. Es al que señalan por padre del picarín. ¿Habéis reparado en el picarín? Tiene toda la cara del hijo más nuevo de Anxelo. Son de un tiempo: Cayeron el mismo día en la cama, la mujer y Rosa Galans.

LA NAVORA.—Don Pedro Bolaño a ninguna de tantas mentiras inclina las orejas.

JUANA DE JUNO.—Hace bien, que una caridad nunca se pierde. Con todo, cuando oyó el primer murmullo, quedóse mortal.

LA NAVORA.—Ni tú lo viste, Juana de Juno, ni yo tampoco.

JUANA DE JUNO.—¡Bien que lo vi! Andaba de noche por los corredores, como alma en pena, batallando entre devolverle el hijo a la madre o seguir guardándole. ¡Le quiere por los vivires! ¿Reparasteis cuando don Pedro estuvo a mirar nuestra tarea? No asomó en su cara la risa, si no fue con los embelecos del picarín. ¡Por los vivires le quiere!

UNA DE LAS CINCO MOCINAS.—¡A las veces lo mira tan fijo, que el niño llora!

JUANA DE JUNO.—Don Pedro busca adivinar lo que ya sabe. Hace como el celoso, que con la más pequeña cosa duda y con la más grande aún no se resuelve a creer.

EL CIEGO DE GONDAR *entra en la heredad, sacudiendo la espalda bajo la mano que* MALVÍN *le afirma a modo de yugo.* VIRULA, *la moza, queda en el camino.*

EL CIEGO.—¿Adónde me llevas?

MALVÍN.—Respuesta me pides, respuesta te doy. Vamos a comparecer en la presencia de mi amo. Juana de Juno, ¿quieres en un vuelo prevenirle?

JUANA DE JUNO.—Hermano Electus, verás qué responsorio te canta don Pedro.

EL CIEGO.—¡Como no me alcance la cachiporra del hisopo!

MALVÍN.—Lo que mi amo disponga no lo sé. Como yo estuviese en su puesto, te aseguro que después del responsorio te enterraba.

EL CIEGO.—¡Mala alma tienes, condenado!

MALVÍN.—Como estoy ignorante de lo que mi amo disponga, a la prevención voy a cavar una cueva.

EL CIEGO.—¡Mala alma tienes!

LA MOZA DEL CIEGO.—No te espantes, cativo. Don Pedro sabrá disimular una prosa del Ciego.

El viejo labrador aparece en la solana, sin ruido, como una sombra. Una de sus manos recoge la capa sobre el pecho. Solamente PANTOJA DE LA CRUZ *pintó figuras de tan sombrío y místico realismo.*

DON PEDRO.—¡Eres como los lobos, Electus! Vas por las veredas pidiendo una limosna, y quieres estorbar la generosa voluntad que yo tengo para ese niño.

EL CIEGO.—¡Mi señor don Pedro!

DON PEDRO.—¿Quién te ordena venir a mi puerta con esas coplas y esos sones dervergonzados? ¡Habla!

EL CIEGO.—Mi señor don Pedro, el pobre de pedir que recorre los caminos oye lo que se dice por todas las bandas de la Cristiandad, sin distinguir al modo de aquel que tiene ojos. Dentro de mí las voces se juntan como el marullo de las olas. ¡El que tiene vista distingue unas olas de otras! ¡El que solamente las oye, nada distingue!

DON PEDRO.—A ti te pagan por venir a mi puerta con esos sones. ¿Quién te paga?

EL CIEGO.—Mi señor don Pedro, el ciego tiene que comer y beber, y que mantener a la moza. Ahora esperamos bautizo. Si mi amo quisiere hacer una caridad y sacarnos de pila lo que nazca, picarín o picarina.

DON PEDRO.—Contesta a mi pregunta: ¿Quién te paga?

EL CIEGO.—Pagar, no me pagan. Tiénenme prometida una licencia para pedir en el convento de Santa Clara, en Viana del Prior.

DON PEDRO.—Sospecho quién te protege, pero quiero oírlo de tus labios. ¡Habla!

EL CIEGO.—¡La lengua se me caiga! Prometí con juramento no revelarlo a persona nacida. Si falto, me condeno. ¡Tan seguro que me condeno! Me condeno de firme y voy de cabeza para los Infiernos. ¡Tan seguro que voy! ¡Magnánimo corazón, no consientas ver negra mi alma por salir tú adelante con un empeño! Cállome el nombre. ¡Me lo callo, así me pasen un cuchillo por la garganta, y me troncen la cabeza y me la pongan en una pica más alta que la luna, clavada y escachada como un colondro [35]!

DON PEDRO.—Basta ya de burlas chabacanas. ¡Calla el nombre! Pero no aparezcas por mi puerta, si no quieres quedar sepulto en ella. Acaso las historias tuyas y de otros espanten de mi alma el amor que tengo puesto en ese niño. ¡Si tal conseguís, arrancadas se vean vuestras lenguas! ¡Malditos seáis!

[35] *colondro:* calabaza.

EL CIEGO.—¡Señor don Pedro, para qué decirle aquello que sobradamente sabe!

DON PEDRO.—¡Dilo!

EL CIEGO.—¡Fue Caín contra Abel! El otro pobre no fue nunca contra su hermano.

DON PEDRO.—¡Dilo!

EL CIEGO.—En una rama está retorcida la serpiente. La piedra de una centella le aplaste la cabeza. ¡Espantarla con la higa, el amo y los criados de esta casa! ¡Espantarla con la higa! Salte de aquí, Demonio Cabrón! ¡Deja tu puesto a la paloma blanca que viene por el camino para posarse entre nos! ¡En el pico, pintado de rosa, trae un ramo de oliva!

LA NAVORA.—¡Qué agudo! ¡Cómo adivinó que llegaba Doña Isoldina!

DOÑA ISOLDINA *viene aún muy lejos, atravesando un campo verde. Es alta, blanca, con la pátina dorada del sol y una gracia sonriente esparcida desde los labios a los ojos. Tiene pulida de un inocente resplandor la frente serena, y las manos castas, caseras, hacendosas, con el perfume campesino del Evangelio. Y como las fuentes claras de los prados, su alma es humilde y cristalina, llena de un murmullo sagrado.*

EL CIEGO.—¡Santo del Cielo! ¡Revelaré el nombre de aquel que me incita! ¡Revelado va! ¡Por las veredas lo publicaré! ¡Mi amo me lo manda! ¡Mandado fue! ¡Si digo mentira, que muerto me entierren! ¡Muerto de siete días, descuartizado, salado y salpreso!

DON PEDRO.—¡Calla, hombre de burlas! ¡Calla por todos los Demonios!

EL CIEGO.—¡No reniegue cristiano, que más no me demoro!

DON PEDRO.—Si antes te dije que hablases, ahora te mando echar un nudo a la lengua.

EL CIEGO.—¡La paloma blanca se puso a deshojar su ramo de oliva en los aires entre el claro sol y la tierra cativa!

Se yergue explicadora JUANA DE JUNO, *llena de saber, el huso suspendido en le aire y la mano vuelta con los dedos algo entreabiertos, aprisionando la luz como en un cuadro veneciano. Las cinco mocinas la escuchan extáticas, y escuchan llenas de malicia las hijas de* ROSA DE TODOS.

JUANA DE JUNO.—Tales palabras —que son de los viejos— vienen a representar que el sol es como un resplandor del Cielo, y un carbón negro del Infierno la tierra cativa.

LA NAVORA.—Vienen a decir tales palabras que el sol es el poderío que tiene don Pedro Bolaño, y la tierra cativa la condición del pobre, que sólo tiene una sábana de tierra, y un cobertor de tierra, y un jergón de tierra... ¡Y eso al morir!

JUANA DE JUNO.—Si acaso, tal sentencia puede contener que el sol es la caridad que hace don Pedro Bolaño, y la tierra cativa el alma negra que la quiere estorbar.

LA NAVORA.—¡Te engañas, moza! Cualquiera a quien interrogues, te lo explicará de distinta conformidad.

JUANA DE JUNO.—Y ninguno lo explicará al conforme de la abuela.

LA NAVORA.—Ni otra cosa aventuro. Las palabras sabias, que vienen de los viejos, a cada uno le dicen una cosa distinta, como acontece con las músicas.

UNA DE LAS CINCO MOCINAS.—Una espiga tiene muchos granos que desgranar, y mucha harina que amasar, y mucho pan que dar. Y las buenas palabras —nuestra abuela decía— son espigas de la era de Dios.

Con su mano prieta y dorada, como un fruto bendito, DOÑA ISOLDINA *abre la cancela y alza el azafate de ciruelas migueleñas, que ofrece como regalo a* DON PEDRO BOLAÑO.

DON PEDRO.—¡Sobrina! ¡Sobrina! ¡En mal momento llegas!...

DOÑA ISOLDINA.—¡Ya lo sé!

DON PEDRO.—Lo sabes y te presentas ante mí. ¡Si me es odiosa toda vuestra raza!

DOÑA ISOLDINA.—¡Yo no!... Y mi raza tampoco... ¿Está el niño en la cuna? ¿Puedo verle?

DON PEDRO.—¡No!

DOÑA ISOLDINA.—Es el hijo...

DON PEDRO.—¿De quién? ¿Tú lo sabes? Yo ya lo dudo.

DOÑA ISOLDINA.—¡De mi marido!

DON PEDRO.—Le mataron sin que lo fuese. Muchacha, deja lo modos de libro impreso: Di el hijo de tu primo.

DOÑA ISOLDINA.—¿Está en la cuna?

DON PEDRO.—Ven conmigo. Cuando lo tomas en brazos parece que se van mis dudas.

La figura rancia del caballero labrador entra en la casa. DOÑA ISOLDINA *sube la escalera de piedra, y santiguándose cruza la primera puerta.*

JUANA DE JUNO.—¡Ay, Electus, padre de los raposos, cómo conociste que llegaba Doña Isoldina! Doña Isolda, su madre, es quien te dicta las prosas.

EL CIEGO.—¡Doña Isoldina es una paloma blanca!

JUANA DE JUNO.—¿Y la sentiste venir volando?

EL CIEGO.—Sentí al gavilán volar sobre ella. Sentí a la sierpe alentar para ella. Sentí al Santo Ángel de la Guarda majar sobre todos nosotros, bailándonos una ribeirana [36] encima de la cabeza y de los hombros, con sus pies blancos.

JUANA DE JUNO.—¡Calla, prosero!

LA MOZA DEL CIEGO.—¡Prosero será!... Pero él adivinar, adivinó quién venía.

MALVÍN.—A poco también lo proclamas brujo. Adivinó como pudiera adivinar cualquier otro. Doña Isoldina, todas las tardes, al toque de la oración, aparece por la puerta con la súplica de ver al infante que recogió don Pedro.

LA NAVORA.—¡Tanto amor tuvo al muerto, que aún guarda para el hijo de la bribona!

---

[36] *ribeirana: riveirana* o *riveiraña*, baile típico de Galicia.

UNA DE LAS CINCO MOCINAS.—¡Los hermanos como lobos, el uno arregañado [37] para el otro, y la sobrina venir todas las tardes con el ruego de ver al niño! ¡Parece un ejemplo!

LA NAVORA.—Estaba velada [38], y al rayar el día de la boda le mataron al novio.

LA HIJA MÁS NUEVA DE ROSA DE TODOS.—¡Y no saberse ni sospecharse quién pudo ser el matador!

LA NAVORA.—¡Nada!

LA HIJA MÁS NUEVA DE ROSA DE TODOS.—¿Ni si fue más de uno?

LA NAVORA.—¡Nada!

JUANA DE JUNO.—Pronto lo dijo.

MALVÍN.—Puede aventurarse que un hombre solo no se ponía con el muerto. ¡Y dos, lo recelo!

JUANA DE JUNO.—Don Miguelito traía oro de Portugal. ¡Y lo que no es oro! ¡Tanto pañuelo de seda! ¡Tanta fina randa [39]! ¡Y veludillo [40] de grana! Con este trato ganaba mucho dinero. Pero también le servía para conquistar a las mozas con regalos. En el proceso aparecía la sospecha de una moza. ¿Tú no lo has oído, Electus?

EL CIEGO.—¡Así muerto me entierren!

LA NAVORA.—¡Cuánto sabes! Sin declararlo claramente, pusiste de manifiesto quién te recompensa por cantar a esta puerta.

LA MOZA DEL CIEGO.—No dijo ninguna cosa que de antes no la supiese don Pedro.

EL CIEGO.—El pobre que recorre los caminos del mundo tiene que ser callado como la tierra. Quien todos los días halla que comer en la cocina de un amo, no sabe lo que son trabajos. ¡Eso solamente lo sabe la criatura que está tullida

---

[37] *arregañado:* (galleg.) regañado, reñido.

[38] *estaba velada:* alusión al rito de la Iglesia católica, consistente en que los nuevos cónyuges se cubran con un velo.

[39] *randa:* guarnición de encaje con que se adornan los vestidos, la ropa blanca, etc. (DRAE).

[40] *veludillo:* o *velludillo,* felpa o terciopelo de algodón, de pelo muy corto (DRAE).

de las piernas o manca de los brazos! ¡Falta de la vista o falta del conocimiento, que es lo más peor, porque no puede alabar a Dios! ¡El pobre de pedir que anda los caminos del mundo tiene que ser callado como la tierra! Un suponer: Hay un rico caballero que va por el monte y descubre una cueva de ladrones, y como es un rico caballero y lleva su vara derecha, lo declara al Alcalde Mayor. El pobre de pedir nunca ve cosa ninguna. No sabe de asesinos ni de ladrones. Para llenar las alforjas hay que ser callado como la tierra. Los pecados de un pobre de pedir no son como los de un rico caballero. El pobre de pedir puede hacer muchas cosas malas sin condenar su alma. El pobre de pedir dice que no hay ladrones en el mundo, porque a él nadie le roba. El pobre de pedir dice que no hay asesinos en el mundo, porque a él nadie le quiere mal. El pobre de pedir dice que no hay odio entre las familias, porque él es como una piedra que rueda. El pobre de pedir dice que no hay pleitos por las herencias, porque él no tiene nada que dejar. Al verdadero pobre de pedir hay que enterrarlo de limosna, y como pasa tantos trabajos, aun cuando haga alguna cosa mala, no se condena como los ricos. ¿Sabéis vosotros quién está más al pique de condenarse? ¡El Rey!

EL CIEGO *palpa en el aire, alcanza el hombro de la moza, afirma bien la mano y sale al camino. Anda levantando mucho los zuecos y habla sin gestos, inclinado sobre la oreja de la coima.*

LA NAVORA.—Siempre a recomendar el secreto y es el primero en publicar las nuevas por los caminos.

JUANA DE JUNO.—Pues si de alguno sabe quién fue el matador y dónde enterraron el dinero...

LA NAVORA.—Dirás que es el Ciego de Gondar.

JUANA DE JUNO.—Y no descarrío. Cuando embarca mucha bebida, lo publica.

LA HIJA MAYOR DE ROSA DE TODOS.—Dice con el vulgar que en ello anda una mujer, pero el nombre no lo dice.

UNA DE LAS CINCO MOCINAS.—Por nuestra aldea corrióse que la víspera de morir estuvo el hijo del amo con la diversión de leer en las cartas, y que por tres veces le salió en ellas que una mujer de espadas le guardaba traición.

JUANA DE JUNO.—Esa sangre salpicó a la cara y a las manos de una mujer. ¿Quién ella sea?

MALVÍN.—Callad con el cuento y mirad quién viene por el camino.

JUANA DE JUNO.—¡Santísimo Señor, nada malo pudo escuchar, que no la nombré!

LA NAVORA.—¡Muera el cuento!

JUANA DE JUNO.—¡Muera el cuento!

Una mujer renegrida y garbosa, con zapato bajo y mantilla de terciopelo picado, entra en la heredad. Las hilanderas, con la cabeza vuelta hacia el camino, murmuran de una en una, con largas escalas llenas de misterio: ¡Muera el cuento! ¡Muera el cuento! ¡Muera el cuento!

LA GALANA.—¡Salud para todos!

LAS HILANDERAS, COMO EN UN ROSARIO.—¡El Señor la depare! ¡El Señor la depare! ¡El Señor la depare! ¡Amén!

LA GALANA.—¿Está el amo?

JUANA DE JUNO.—Adentro entró, por la puerta no salió, brujo no nació y por la chimenea no voló.

LA GALANA.—¿Quieres darle aviso de que llegó agora[41] Rosa Galans?

JUANA DE JUNO.—Excusas de nombrarte, que bien te conozco.

LA GALANA.—No eres tú la sola que me conoce.

JUANA DE JUNO.—Por sabido que no. Yo te conozco a un modo y no faltará quien te conozca al otro.

---

[41] *agora:* en los diálogos de todas las obras del ciclo mítico, Valle prefiere con frecuencia *agora* a *ahora*. Pero no es arcaísmo, sino galleguismo.

LA GALANA.—¿Lo dices con segunda?

JUANA DE JUNO.—Lo digo con la fe de Dios. Alégrome conocerte.

A este tiempo, DON PEDRO BOLAÑO *sale despacio, con la cabeza erguida y la expresión nublada. Trae en brazos al niño, abrigado y oculto bajo la capa. Hasta llegar al arambol*[42] *de la solana no habla ni mueve un gesto.*

DON PEDRO.—¿Rosa Galans, traes firmado el papel que declara la condición del niño y el permiso para que me lo confirmen por nieto?

LA GALANA.—Firmado no traigo nada. Antes de firmar, razón es tratar.

DON PEDRO.—Hagamos capítulo: Tengo manifestado mi deseo de calificar a este niño por mi nieto, darle mi apellido y la legítima naturaleza para heredar.

LA GALANA.—¡Muy bueno si busca eso! ¿Y si busca quitarse de más tratos con la madre del niño? Reconocido abuelo, a su lado lo guarda para mientras viva. Tengo consultado gente de leyes. Si el hijo goza grandeza, justo parece que goce la madre de igual beneficio. ¡Y mi señor don Pedro no quiere eso! Quiere apartar a la madre con aquello que sea voluntario, sin mediar papel ni palabra de convenio. ¡Hable, señor don Pedro! ¿Qué dice? No se esté callado a mirarme como un inquisidor.

DON PEDRO.—Digo, que si no firmas te llevarás a tu hijo. O todo sangre mía, o todo sangre tuya. ¡Particiones, no!

LA GALANA.—Pero diga algo, señor, diga algo. ¿Me concede los molinos que tiene en Aralde, y aquel agro pequeño que tiene debajo? Si me los concede, y una casa donde vivir, con cuatro gallinas y una cabra, quien dice una cabra dice una vaca...

DON PEDRO.—¡Tú me dejarás pobre!

---

[42] *arambol:* balaustrada de una escalera (DRAE).

LA GALANA.—¿Me los concede?

DON PEDRO.—Los molinos. El agro, no.

LA GALANA.—¿Pero qué le vale, si son cuatro ferrados[43] de tierra mala?

DON PEDRO.—¡Me dejarás pobre!

LA GALANA.—¡Pobre! No tiente a Dios, señor don Pedro.

DON PEDRO.—Traeme firmado el papel.

LA GALANA.—Ha de hablarse todo. Tocante a decir me quito de tener un imperio de madre sobre mi hijo, yo no firmo por cosa ninguna.

DON PEDRO.—¿Son tus últimas palabras?

LA GALANA.—Son, sí, señor. ¿Y por qué no habían de serlo? Antes de firmar conviene tratar. ¿Recuerda las tierras que tiene camino de San Amedio? ¿Las recuerda?

DON PEDRO.—Rosa Galans, sobre nuestras conciencias van a pesar durante toda la vida tus palabras.

Mesurado y erguido el viejo labrador baja la gran escalera de la solana, que visten de oro las mazorcas esparcidas por la balaustrada, secándose al sol y oreando al viento de Sálvora.

DON PEDRO.—Rosa Galans, ten a tu hijo.

LA GALANA.—¡Qué me entrega, señor!

DON PEDRO.—Al hijo de tu sangre.

LA GALANA.—¡Tanto de la mía como de la suya!

DON PEDRO.—Nuestra sangre no puede mezclarse.

LA GALANA.—¡Claramente que ahora no puede! Pero cuando pudo, ya se mezcló. ¡Y bien que se mezcló! ¿No tiene delante la muestra?

DON PEDRO.—Yo únicamente sé que ese niño es tu hijo, y que te lo llevas.

LA GALANA.—¿Y no se le oprime el corazón de lo dejar ir?

DON PEDRO.—El niño no podía ser de los dos.

---

[43] *ferrados:* véase nota 28.

LA GALANA.—¡Yo no se lo pido!

DON PEDRO.—Pero yo renuncio a él. No quiero vivir esclavo tuyo y acabar pidiendo limosna por los caminos.

DON PEDRO BOLAÑO *se aleja con la frente baja y las manos juntas, apretando la capa sobre su pecho. Al entrar porla puerta levanta los brazos con aquel ademán bíblico de sembrador que maldice.*

DON PEDRO.—Había propuesto que mi sangre o la tuya. La tuya ha vencido, Rosa Galans. Te llevas a tu hijo y yo entierro todos mis amores de viejo ¡Sal de mi casa con ese hijo de la tierra y nunca vuelvas!... ¡A mi puerta os vea temblando de frío, en carnes y harapos, metidos en nieve!...

El viejo labrador pasa encorvado bajo la puerta de la solana. ROSA GALANS *sacude al niño hasta hacerlo llorar, y estalla en denuestos.*

LA GALANA.—¡Hemos de ver si por el rapaz no vienes, viejo avaricioso! ¡Ortiga brava que ni a los suyos tiene ley! ¡Con las rodillas y las barbas por tierra has de venir a mi puerta, Pedro Bolaño!

EL CABEZALERO.—Dad aviso que fincamos [44] de vuelta los llevadores del Foral de András.

LA GALANA.—¡Dejad paso, monteses!

UNA VIEJA.—¡Qué andar de malterciar!

MALVÍN.—¡Qué andar de perra ladronera!

EL MÁS VIEJO DE LOS FORÁNEOS.—No sabes más cuánta verdad hay en esa que hablas al modo de ventolera. Es monstruo, y como tal desenvuelve una parte de bestia. Murió poco ha quien con esa mujer en el monte cazó y pieza cobró.

EL RUMOR RELIGOSO DE TODOS.—¡Brujas fuera!... ¡Brujas fuera!... ¡Brujas fuera!... [45].

---

[44] *fincamos:* quedamos.

[45] *¡Brujas fuera!:* muy a menudo aparece en el ciclo mítico valleinclaniano este exorcismo tan popular en Galicia; a veces, en su propia lengua: *¡Bruxas fóra!*

JORNADA SEGUNDA

ÁNIMA EN PENA

Tarde de otoño. Un río tranquilo, espaciado en remansos bajo la verde sombra de chopos y mimbrales. A las dos riberas, agros mellizos de heno y de linar que, a par del río, se rizan con la brisa. Llueve menudo, menudo, en una gran paz. Sobre la arena fuerte de la ribera, que cruje desgranada, están sentados un hombre y una mujer. A su espalda, abierta y vacía, la casa alzada con pedruscos, cubierta con paja de maíz y envuelta en humo. Las figuras parecen muy lejanas en el cernir de la lluvia menuda. Dos larvas en la orilla del río. Hablan de una manera fugitiva y medrosa, como si quisiesen no alterar el reposo del paisaje, la quietud de las hojas y del cristal del agua, la paz de todas las cosas que dice la perfección del éxtasis y el sentido hermético y eterno de la felicidad

ANXELO.—¡Ánima en pena, no me arremolines en tu círculo! ¡Ánima en pena, corita [45 bis] entre dos luces, no me implores con las voces, con las manos no me hagas las cruces! Si me abrazares, caeríamos los dos en el profundo Infierno. ¡Vaya si caeríamos! Caeríamos, porque yo soy un gran pecador y te arrastraría, ánima en pena. ¡No te atolondres! Más vale esperar, para el pago de la deuda que

---

[45 bis] *corita:* véase nota 23.

tengo contigo, a que se descargue mi conciencia. ¡Tan cierto que te vale más! ¡Mírala, que está más negra que los cuervos, ánima en pena! ¡Yo haré mi revelación! ¡Yo diré mi sanguinidad! ¡La palabra mía toda será verdad!... ¡Mi palabra, palabra será que hile el cáñamo de un dogal!

MAURIÑA.—¡Calla, langrán [46]! Acabarás en una cueva de galera por ese entresoñar y ese devanar de los meollos.

ANXELO.—¡Mauriña, yo más no puedo con la cadena de anillos dobles que llevo colgada! ¡Mauriña, yo hago mi delación y pago mi culpa! ¡Mi culpa pagada, mi alma, de negra, blanca!

MAURIÑA.—¡Calla, langrán! ¡Cuando encuentras por donde comer sin trabajos, ni usuras, ni agonías, quieres hacer tu revelación y echarnos a todos por los caminos pidiendo una limosna!

ANXELO.—¡Mi culpa pagada, mi alma, de negra, blanca!

MAURIÑA.—¡Salúdate [47] para espantar malas ideas! Calienta el horno con el capricho del viejo Bolaño. Rosa Galans no se desgarra del hijo sin una buena renta, y de la mitad has de ser tú el dueño. ¿No te amigaste con ella? Pues si te quiere, que lo manifieste. Para que todos pasásemos hambre y anduviésemos descalzos, metidos en agua y en nieve, no te fuiste de mi jergón para el suyo. ¡Condenada, ladra [48] ¡Más renegrida no la dio Dios! Ten por cierto que la bribona no entrega al hijo sin recibir mucha riqueza, y con esa ambición se lo titula por nieto a don Pedro Bolaño. ¡Santísimo Señor, un espejo de ese hijo tuyo que ahora está a dormir en la cuna! ¡Ay, babalán [49], langrán, aprende a

---

[46] *langrán:* muchacho alto y desvaído, que anda ocioso; holgazán, vago.

[47] *salúdate:* en su 4.ª acepción, *saludar* significa usar de ciertas preces y fórmulas echando el aliento o aplicando la saliva para curar y precaver la rabia u otros males, dando a entender el que lo hace que tiene gracia y virtud para ello (DRAE).

[48] *ladra:* véase nota 18.

[49] *babalán:* (galleg.) *baballán* o *baballón,* charlatán, persona que habla en exceso y sin medida.

sacarle los dineros, que un cuenco de berzas también lo tenías andando a cavar!

ANXELO.—¡Mauriña, yo no quiero más tratos con esa mala mujer!

MAURIÑA.—¡Calla, langrán!

ANXELO.—¡No me estorbes redimir mi alma! ¡Déjame entrar para dentro de la casa! ¡No me arrempujes fuera! ¡Enciende un cirio de cera bendita, que vengo cabo de ti, para morir, Mauriña!

MAURIÑA.—¿Qué delirio traes contigo? ¿Qué mala fada te echaron? ¡Tan cobarde nunca te vi!

ANXELO.—Déjame entrar para dentro de la casa y calentarme al pie del horno.

MAURIÑA.—¿A qué te fuiste, si habías de volver con ese ramo cativo [50] y las manos llenas de sangre?

ANXELO.—Aquella mala mujer que me embrujó.

MAURIÑA.—¡Calla, langrán! Fuiste tú, que cegaste por ella.

ANXELO.—¡Fue el Demonio! Con aquello que hice pensé alzar mi casa... Procurarte una ayuda a ti y a los hijos...

MAURIÑA.—Más ayuda recibo del gallo pinto y las tres pitas que allá están escarbando la tierra.

ANXELO.—Aquella mala mujer me embrujó. Siento dentro de mí un espíritu cativo revolar y batir como el pájaro en una gayola [51]. Mauriña, guía para dentro de la casa, enciende la cera bendita y atranca la puerta.

MAURIÑA.—Quien comió la carne roa el hueso. En la casa no entras.

ANXELO.—¡Rosa Galans vendrá por mí!... Mauriña, vamos para dentro de la casa, cierra la puerta. ¡No la dejes entrar, que si me mira he de irme tras ella!

---

[50] *ramo cativo:* mal de ojo, posesión demoníaca. «El *Ramo cativo* constituye una de las supersticiones más fuertemente arraigadas en el alma del gallego, siendo, al mismo tiempo, tal vez la que posee más ricas variaciones y el folklore de ella derivado constituye un pintoresco mundo de misterio y leyenda» (Rita Posse, «Notas sobre el folklore gallego en Valle-Inclan», pág. 497).

[51] *gayola:* jaula (DRAE).

MAURIÑA.—¡Ya me tienes medrosa! ¿Tanto es su poder?

ANXELO.—¡Repara mis manos manchadas de sangre!

MAURIÑA.—¡Calla!

ANXELO.—Yo salvaré mi alma, declarando toda la verdad.

MAURIÑA.—¡Calla!

ANXELO.—¡Mi culpa pagada, mi alma, de negra, blanca!

MAURIÑA.—¡Calla! Y pues pasamos en la vida tantas miserias, deja un día calentar el horno con el capricho de don Pedro Bolaño. ¡Salúdate para espantar malas ideas! Y como estuviste un año con esa amistad, sigue otro tiempo... Mucho nunca ha de ser, que esas mujeres bribonas tienen la virazón del viento en la mar. Por ese hijo que tuviste con ella, nos vendrá la hartura.

ANXELO.—El hijo de un pobre andará a pedir, Mauriña. La riqueza de esa gran casa la tendrá en sufragios el ánima del muerto, que para redimirse me manda que todo lo declare. ¡El hijo de un pobre perderá el gallo, la moza y el caballo!

MAURIÑA.—¡Calla! Te pones al cuello el dogal y le robas su regalía a un inocente que culpa no tiene.

ANXELO.—¡Que cave la tierra! Yo, por no querer cavarla, tengo el alma aterida y negra.

MAURIÑA.—¿Y luego qué hacer cuando de viejos no sirvamos para cavar?

ANXELO.—Quedar el reinar de pobre de pedir y una piedra en un camino donde tropezar y caer y acabar de morir.

EL CIEGO DE GONDAR *y* MARÍA VIRULA *vienen de muy lejos, sonando en el pedregal de la ribera sus madreñas* [52] *herradas.*

[52] *madreñas:* zuecos.

El Ciego.—Hermano barquero, te llega pasaje... ¡Buena pasaje, de la que paga con dineros ajenos!

Anxelo.—No loquees más, Electus.

El Ciego.—Reír no es loquear.

Anxelo.—Pero es de rapaces que aún no conocen las penas del mundo.

El Ciego.—Y también de los viejos que las saben olvidar.

Anxelo.—El Señor nos da las penas para que nos abracemos con ellas, y el que las olvida no cumple su Ley.

El Ciego.—¿Y tú, cativo, piensas que yo puedo olvidar alguna vez que me falta la luz de los ojos?

La Moza del Ciego.—Cantar y reír nunca fue pecado.

Anxelo.—Eso dice el Demonio. Pero para reír y cantar hay que holgar y dejar la tierra sin cavar. Y del no sembrar viene el no tener pan, y el robar y el matar.

El Ciego.—¿Y entonces tú por qué levantas el hombro a la obligación que tenías en casa de Rosa Galans?

Mauriña.—¿Hablaste con la tal mujer?

El Ciego.—María Virula la oyó suspirar.

La Moza del Ciego.—Ella se explica bien en lo que dice. Y tú, cuando la veas con otro, comprende las cosas de la vida y disimula y no te acalores. ¿Que hoy le vende la risa y la conversa a Valerio el Pajarito?... Tú nada sabes. Cuando un árbol tiene raíces no teme al viento, ni teme a la hiedra el muro con cimiento. Y tú, Mauriña que lo aconsejes bien.

Mauriña.—¡Mejor que lo aconsejo, María Virula! La Virgen Santísima, Nuestra Señora Bendita, que oye mis palabras, sabe cuánto le predico por que vuelva a la obligación que tenía.

Anxelo.—¡Sois a tentarme como dos serpientes! ¡Tened compasión de este temblor de agonía en que mi alma se consume, batiéndose como un pájaro cuando lo apretáis en la mano!

Mauriña.—¡Calla!... No sé qué tienen tus palabras, que me dan miedo.

Anxelo.—¡Mauriña, déjame morir viendo la lumbre de

mi casa, cierra la puerta con el tranquero [53] y enciende la cera bendita, que rompa mi cadena de pecados!...

MAURIÑA.—¡Calla con esas relaciones agoreras, que en la raíz de los cabellos siento el frío!

ANXELO.—En el atrio de la iglesia, abrazado con sus piedras benditas, batiendo con la frente hasta que se rompa, publicaré mi culpa. ¡Mi culpa pagada, mi alma, de negra, blanca!

MAURIÑA.—¡Calla! ¿No ves que de pavura me rechinan los dientes? ¡Calla! ¡Con tu delirio al cuello te aprietas un dogal!

ANXELO.—¡Penar y pecar, y por los caminos del mundo rodar y rodar! ¡Jesús Crucificado, que no sea siempre rodar! Ruedan las piedras sin alma, pero los huesos bautizados tienen un cenicero bendito donde acabar en ceniza.

MAURIÑA.—¡Calla, cativo, o con mis manos te he de ahogar! Tu culpa está sepultada bajo la tierra.

LA MOZA DEL CIEGO.—¿De qué culpa hablas?

MAURIÑA.—No hablo de culpa ninguna. Es llevarle la vena de su delirio.

EL CIEGO.—Todos tenemos que callar y nos encubrir.

MAURIÑA.—El más santo lleva en la alforja un delito de horca. ¡Son muy tentadores los caminos!

EL CIEGO.—La Galana puede acabar con los dineros. Le gustan las meriendas con empanadas y levantar el jarro. Acabados los dineros, acabado el valimiento con la curia.

MAURIÑA.—Aconséjalo, Electus, tú que tienes buena labia y sabes explicarte.

EL CIEGO.—Para estas amonestaciones, aún vale mejor María Virula.

LA MOZA DEL CIEGO.—Hermano Anxelo, vamos a ponerle la montera al buey. ¿A ti qué te importa de los tratos que tenga con otro Rosa Galans? Lo que no va en mi año no va en mi daño. Tú a estar hecho un caballero con tu petaca llena y tu reloj de plata. Había de ser tu propia mujer, y un extremo tampoco estaba bien.

---

[53] *tranquero:* (galleg.) *tranqueiro,* tranca.

MAURIÑA.—Por sabido que no.

EL CIEGO.—María Virula viene a significarte que dejes los celos con rabia a la puerta de la casa.

ANXELO.—No son celos ni rabia. ¡Son mis manos cubiertas de sangre!

EL CIEGO.—Eso es la fiebre que te acomete.

ANXELO.—Cada nuevo mozo de quien se acompaña la serpiente es para mí un remordimiento, por no poder desengañarle.

MAURIÑA.—¡Son celos, langrán!

ANXELO.—Es remordimiento de dejar a un hombre mozo caminar ciego de cara a la horca... El alma del muerto, cuando se me aparece, nada me culpa tanto. ¡Más me culpa por ello que por su sangre derramada!

MAURIÑA.—¡Otra vez estoy a temblar!

Pasa una tropa de chalanes en jacos nuevos de poca alzada, fuertes los cascos, lanudos los corvejones, brava la vista, montaraz la crin: Son los tres rapaces de ALONSO TOVÍO, *con* GUZMÁN DE MEIS, REMIGIO DE CÁLAGO *y* VALERIO EL PAJARITO.

EL PAJARITO.—¡Adónde el barquero!...

LA MOZA DEL CIEGO.—Va sin agua el río, y no hay barca ni barquero.

GUZMÁN DE MEIS.—Pues vamos a buscar el vado.

UNO DE LOS TOVÍOS.—Sudosas como llevamos las monturas, alguna puede atrapar una alfarería. Más nos vale bajar por los molinos hasta la Puente Vieja.

MAURIÑA.—Para el que va caballero, como vais vosotros, no es vuelta.

EL CIEGO.—¡Día de feria, foliada [54] en el molino, con unas mozas...! Yo no las vi, pero las apalpé.

LA MOZA DEL CIEGO.—A lo mejor apalpaste a una vieja.

EL CIEGO.—Era muy dura.

---

[54] *foliada:* (galleg.) baile, diversión, algarabía.

LA MOZA DEL CIEGO.—Entonces fue que yo estaba cerca.

GUZMÁN DE MEIS.—Vamos a buscar la puente, Valerio.

EL PAJARITO.—Para vosotros es camino; para mí, no. Aquí finco [55] hasta que nade la barca.

GUZMÁN DE MEIS.—¡Muy dichoso! Vamos nosotros, rapaces.

LOS TOVÍOS.—¡Vamos allá!

Se parten al trote con ruda fanfarria de frenos y de bocados: Se esfuman a lo largo de la ribera, entre los pliegues ingrávidos de la llovizna: Se desvanecen y desaparecen bajo los ramajes, que gotean lacios, tristes. VALERIO EL PAJARITO *descabalga y hace sonar sus espuelas mexicanas, de plata vieja y labrada.*

EL PAJARITO.—¿Esperáis la barca, Electus?

EL CIEGO.—Sí que la esperamos.

MAURIÑA.—¡Y ésta, langrán!... Pero tiene perdida el habla.

EL PAJARITO.—Pues ya habéis topado, por esta vez, con uno que os pague el pasaje.

EL CIEGO.—Dios te lo recompense, Pajarito.

MAURIÑA.—¡Amén!

EL PAJARITO.—Vosotros os miráis en esa pequeñez. Pero en algunas partes, como en el presidio y en la América, una moneda de patacón [56] se tira y no se hace más caso en toda la vida, por mucho que uno viva. ¡Mil años que sean!

MAURIÑA.—Por esos parajes hay más moneda. ¡Aquí no hay sino pobreza!

EL PAJARITO.—Me repunto que llevamos igual camino. Yo llego hasta el ventorrillo de Rosa Galans.

LA MOZA DEL CIEGO.—¡Mucho la visitas!

EL PAJARITO.—Es una mujer que me gusta.

---

[55] *finco:* véase nota 44.

[56] *patacón:* moneda de plata (DRAE).

LA MOZA DEL CIEGO.—¡Buena moza, lo es!
EL PAJARITO.—Me dijeron que tenía un amigo.
LA MOZA DEL CIEGO.—Dicen que lo tiene.
EL PAJARITO.—Todavía no lo conozco.
MAURIÑA.—No lo habrás procurado...
EL PAJARITO.—¡Me alegraría conocerlo!
MAURIÑA.—¡Langrán! ¡Babalán! [56 bis] ¿Qué haces que no le hundes la cabeza en la tierra a ese alabancioso [57]?
ANXELO.—¡Valerio!
EL PAJARITO.—¿Qué hay?
ANXELO.—Una vez estuviste en presidio, y estarás la segunda si mantienes trato con esa mala mujer.
EL PAJARITO.—A las mujeres las gobierno yo con una varilla de mimbre como a ganado manso.
MAURIÑA.—Tú eres listo, y a ésa la camelas para sacerle los dineros. Tú has corrido tierras y sabes el trato y el capricho de las mujeres. ¡Aprende, langrán!
EL PAJARITO.—Con Rosa, hablando lo cierto, yo no tengo otra amistad que el darle algunas luces en el pleito del niño párvulo.
ANXELO.—Esa mujer te embrujará.
EL PAJARITO.—Ni ésa ni otra. ¿No me dicen el Pajarito? Pajarito soy, y sé abrir la jaula y volar.
ANXELO.—Yo al igual pensaba, y el día que ella quiso me puso el yugo. ¡Es arte que tiene! ¡Con la mirada embruja!
MAURIÑA.—¡Ya estoy a temblar!
EL PAJARITO.—Embruja con sus buenas colores, y el andar garboso, y el aire del refajo, y el pico.
ANXELO.—Volviendo de la siega, ya puesto el sol, salióme al camino un can ladrando, los ojos en lumbre. Le di con el zueco y escapó dando un alarido que llenó la oscuridad de la noche como la voz de una mujer cautiva. A poco andar, descubro un ventorrillo y a ella sentada en la puerta. Entré para recobrarme... ¡Nunca entrara! Por su

---

[56 bis] *babalán:* véase nota 49.
[57] *alabancioso:* jactancioso (DRAE).

mano me llena un vaso. Lo bebo, y al beberlo siento sus ojos fijos. Lo poso, y al posarlo reparo que a raíz del cabello le corre una gota de sangre. Recelándome, le digo: Tienes sangre en la frente. Ella toma un paño, se lo pasa por la cara y me lo muestra blanco. Luego salta a decirme: ¿Tú vienes por el camino del río?

EL CIEGO.—A todos pregunta de dónde vienen y adónde van, por dar noticia de las veredas a los contrabandistas, que tienen en su casa una atalaya.

ANXELO.—Escupió en los dedos, espabiló el candil, y poniéndome la luz en la cara, me dijo sin mover la boca: ¿A quién topaste en el camino? Y en aquel momento, yo reconozco en su voz el alarido del perro al darle en la cabeza la zocada [58]. ¡Ya no pude salir de su rueda! Sin apartarme los ojos, se pone a decir que si precisa un criado. Yo le respondo atrevido: En tu presencia lo tienes, pero has de hacerle un sitio en tu cama.

LA MOZA DEL CIEGO.—No ibas tú poco de prisa.

MAURIÑA.—¡Langrán! ¡Babalán! ¿Y ese despejo que tuviste entonces, porque no lo tienes ahora?

ANXELO.—Ella, riendo, me dio con el paño que se había pasado por la cara, y en un lóstrego [59] se me aparece cubierto de sangre.

MAURIÑA.—Es el delirio que tienes de ver los fantasmas y las ánimas, y tantas cosas que no son. ¡Ya estoy a temblar!

ANXELO.—LLenó de resolio [60] un vaso abarquillado y nos pusimos a beber juntos, agarrados por la cintura.

MAURIÑA.—¡Así los encontré! ¡Traidores! ¡Creí que me caía! Rosa Galans, que me vio, abrazóse conmigo metiéndome una mano encima de la boca para que no se me oyese vocear... ¡Tanto me dijo!... ¡Tanto me dijo!... ¡Si me diría, que abrió el cajón del dinero, y con la cabeza vuelta a otro lado me mandó agarrar lo que quisiese!...

ANXELO.—¡Escuchad! ¡Uno!... ¡Dos!... ¡Tres!...

---

[58] *zocada:* golpe con el zueco.
[59] *lóstrego:* (galleg.) relámpago.
[60] *resolio:* véase nota 2.

EL CIEGO.—Es una campana que mueve el viento.

ANXELO.—¡Es un perro que aúlla!... Con la sombra que cubre el claro de luna. Nunca, desde aquel día volviera a oírlo.

Aparece ROSA GALANAS, *encapuchada con el mantelo y el niño cobijado debajo. Viene por un alto del sendero. El andar, garboso y decidido. Ladra con furia un perro.*

LA GALANA.—¡A la paz de Dios, amigos! ¿De cuándo celebráis aquí feria?

EL CIEGO.—De nuevo data, Rosa.

LA GALANA.—La feria tuya es el llenar la andorga.

EL CIEGO.—Pues aquí no dan nada.

LA GALANA.—¡Ay, Pajarito, mi corazón es un puro brinco!

EL PAJARITO. —Sosiégalo, que ya estamos el uno a la vera del otro, Rosa.

LA GALANA.—¡Alabancioso! No van mis palabras por ese camino de tentación.

EL PAJARITO.—¿Quieres ponerme la mano en el pecho? ¡También mi corazón tiene su baile! ¡Pueden mucho los ojos de una mujer morena!

LA GALANA.—¡Qué lindo canto tienes, Pajarito!

EL PAJARITO.—Pajarito soy, y como tal, quisiera estarme toda la vida deshojando una rosa con el pico.

LA GALANA.—¿Y en acabándose la última hoja, qué harías? ¡Volar!...

MAURIÑA.—¡Habla tú alguna sentencia, langrán! ¡Siempre a callar como una piedra!

LA GALANA.—Vengo todo el camino con la zozobra de que me roben al hijo. Una mujer de bien, que anda en la casa de ese viejo avaricioso, secretamente me dio la voz para que estuviese alerta. ¡Dios se lo pague! Don Pedro Bolaño quiere campar con la suya sin soltar los dineros. ¡El Demonio lo lleve! ¡Tan codicioso como tirano! ¿Y a ti, Electus, raposo sin ojos, te parece bueno irle con coplas de sátira para que reniegue de su sangre? ¡Sin tus coplas, que le dejaron la espina, nunca él me entrega a este hijo!

EL CIEGO.—Rosa Galans, no me guardes mal corazón, pues ninguna cosa dijo mi boca que antes no la supiese y rumiase el viejo Bolaño. Yo agradezco el vaso que me das, y estoy por ello tan obligado, que a la hora presente aconsejaba a este cativo que volviese a la obligación que tenía en tu casa.

LA MOZA DEL CIEGO.—A este cativo le hicieron mal de ojo, y menester será llevarlo a que reciba las ondas de la mar bajo la luna de medianoche.

EL CIEGO.—¡O bien a San Pedro Mártir!

LA GALANA.—O bien a Santa Justa de Moraña.

EL CIEGO.—¡Mejor a Nuestra Señora de la Lanzada [61]!

ANXELO.—¡Callad con vuestra letanía! Este mal mío no lo curan saludadores, ni las ondas de la mar.

LA GALANA.—¡Rey de las mozas, mira para mí y alegra los ojos! Bebe un trago de este resolio, y verás cómo echas fuera del cuerpo a la bruja chupona.

ANXELO.—¡Arredra! ¡Aparta! ¡Por Jesús Crucificado, quítame la cadena que llevo al cuello!

LA GALANA.—Te mando que no delires más. Y ahora, a beber conmigo un trago de resolio. Mauriña, tenme al rapaz. Ponlo bajo techado, que va dormido.

MAURIÑA.—¡Cómo sacaste a esta criatura del poder de don Pedro Bolaño?

LA GALANA.—¡Cosas que pasan!

MAURIÑA.—Yo esperaba que por tu valimiento el viejo Bolaño me consintiese llevar la vaca a pacer en sus prados.

LA GALANA.—Tú mete la vaca en ellos.

[61] *Nuestra Señora de la Lanzada:* el Santuario de La Lanzada ha sido testigo durante mucho tiempo de un rito exorcista, consistente en que las endemoniadas y los endemoniados recibieran las olas purificadoras del mar, a fin de expulsar de este modo el *meigallo* o posesión. Sustituyendo el nombre de La Lanzada por el topónimo inventado de Santa Baya de Cristamilde, Valle-Inclán recrea esa ceremonia en un famoso pasaje de *Flor de santidad.*

MAURIÑA.—Estoy tímida... Ya una vez me atrapó y me puso como un Nazareno.

EL PAJARITO.—El rapaz ha de tornar al regalo que tenía.

EL CIEGO.—No se te vuele el pájaro del puño, Rosa.

LA GALANA.—¿Qué quieres decir?

EL CIEGO.—Que por ser tirana no prives al rapaz de verse algún día heredero de tanta riqueza. Cuida que las otras familias, hermanos y sobrinos, conspiran... Hermanos y sobrinos.

ANXELO *se levanta como una sombra: Los ojos febriles, la boca blanca y trémula en el rostro mortal, de cera amarilla.*

ANXELO.—¡El hijo de un pobre andará a pedir! No será su vida el se divertir de caballero, y el devanar el día entero en festejar y mozar y reír, sin priesa de acabar y sin cuidar de morir. ¡Mi palabra, palabra será que hile el cáñamo de un dogal!

LA GALANA.—Este ladrón nos meterá a todos en un presidio. Hay que ponerle un sello en la boca.

MAURIÑA.—Un sello de pez hirviente.

EL PAJARITO.—No hay mejor sello que la piedra de la sepultura.

LA GALANA.—Ten reparo.

EL PAJARITO.—No hablo más.

ANXELO.—¡Ánima en pena con sudario de llamas, no me atormentes! ¡Ánima en pena con sudario de sangre, no me atormentes! ¡Si tienes obligaciones en este mundo, yo las andaré en tu servicio, ánima! ¡La riqueza no te la usurpará el hijo de un pobre, ánima! ¡La tendrás en sufragios para salir de penas, ánima!

LA GALANA.—Bebe un sorbo de resolio, para echar fuera el ramo de fiebre que te entra puesto el sol.

ANXELO.—¡No bebo!

LA GALANA.—¡Que te lo vierto en los ojos!

ANXELO.—¡Aunque tal hagas!

LA GALANA.—¡Bebe!

ANXELO—¡De haber bebido viene mi cadena!

LA GALANA.—No hables de cadenas. Vamos a cenar todos juntos una empanada, bajo la luna, al arrimo de un roble, como las brujas.

Rompiendo por entre los sauces viene la sombra oscura del CIEGO DE FLAVIA. *Una figura penitente con el pecho cubierto de rosarios. No lleva criado, y golpea las piedras del camino con el bordón.*

EL CIEGO DE FLAVIA.—¡A las Santas noches de Dios!

LA GALANA.—Aún no lo son.

EL CIEGO DE FLAVIA.—Mucho no le faltará, que cantan los sapos y el rocío me moja las barbas.

LA GALANA.—Con tanta ciencia y no sabes quién se halla en nuestra compañía.

LA MOZA DEL CIEGO.—No infiernes, Rosa.

EL CIEGO DE FLAVIA.—Si almas caritativas no me lo hubieran advertido en el camino, llegado aquí me lo declarara su pestilencia.

EL CIEGO DE GONDAR.—La pestilencia es que nos vamos a mazar la cabeza.

EL CIEGO DE FLAVIA.—Date diligencia.

LA MOZA DEL CIEGO.—Tú, conmigo, Electus. Déjale con su querella, que causa tiene para nos aborrecer. Vamos a buscar la vereda.

MARÍA VIRULA *hace andar el* CIEGO *dándole empujones, y le sigue, guiñando los ojos con un gesto pícaro a los otros, que se quedan riendo y embullando.*

EL CIEGO DE FLAVIA.—¿Dónde está el cerdo que me hizo rey coronado? ¿Dónde la gallina de mal poner? ¡Una centella de las nubes os confunda en carbón! ¡Como de la vista, de todos los sentidos ceguéis!

LA MOZA DEL CIEGO.—Caminemos sin hablar.

EL CIEGO DE GONDAR.—Tentaciones me vienen de le decir adiós, remedando al buey en su mugido.

LA MOZA DEL CIEGO.—No hagas escarnio, que lo mismo te puede suceder a ti.

EL CIEGO DE GONDAR.—Te comía el corazón en un plato, con tenedor y navaja, como el Rey de las Españas.

LA VIRULA *empuja al* CIEGO. *Los otros se huelgan con la risa jocunda que promueve una farsa grotesca. Se oye de pronto la voz despavorida de* MAURIÑA.

LA VOZ DE MAURIÑA.—¡Que me arrebatan al rapaz, robado! ¡Ya se lo llevan! ¡Ya se lo llevan! ¡Una sombra ligera! ¡Saltó la ventana!

ANXELO.—¡El ánima en pena!

MAURIÑA.—¡El ánima en pena!

LA GALANA.—¡Ah! ¡Ladrones! ¡Ladrones! ¡Por allá! ¡Por allá va!

MAURIÑA.—¡El ánima en pena!

EL PAJARITO *saca el revólver que lleva a la cintura, corre a situarse en lo alto de un bardal y dispara. Ladran en la lejanía los perros de Lugar de Condes y Lugar de Reyes.*

LA GALANA.—¡Cayó!... ¡Cayó!... ¡Cayó!... ¡Ah, ladrón!...

EL PAJARITO.—¡Un rayo me parta, que se levanta otra vez!

Corre por entre los árboles. De tiempo en tiempo se oyen las detonaciones de su revólver. ANXELO *parece muerto sobre la yerba.* MAURIÑA *escucha, medrosa y arrodillada.*

LA GALANA.—¡Pedro Bolaño, no me avasallará tu gran poder!

JORNADA TERCERA

CAUTIVERIO

En la casa de DON PEDRO BOLAÑO. *Es la hora en que las gallinas se recogen con el gallo mecero. Arde una lumbrada de tojos en la gran cocina, ahumada de cien años, que dice con sus hornos y su vasto lar holgura y labranzas. Una vieja hila sentada debajo del candil. Los otros criados desgranan mazorcas para enviar el fruto al molino. Hablan en voz baja. Tienen un aire de misterio. Las figuras, las sombras, las voces parecen próximas a desvanecerse, inconscientes como el ondular de la llama bajo las negras piedras de la chimenea donde silba el viento*

JUANA DE JUNO.—Cuando don Pedro entró en la casa, el sollozo que dio la llenó toda. No iba la gran bribona por la cerca, cuando el amo ya enviaba por el niño a señora Andrea la Navora.

LA HIJA MAYOR DE ROSA DE TODOS.—Y Rosa Galans, cuando vio que el hijo le era devuelto, quedóse mortal. Gustante hubiera querido recoger del aire sus palabras.

JUANA DE JUNO.—Por eso fue aquel hablar mío de que la criatura no había perdido su suerte, y que no volvería a reinar en esta casa.

LA NAVORA *entra acezando y se desata las puntas del*

pañuelo para respirar a su talante. Todos callan, en espera de que hable la vieja hilandera.

LA NAVORA.—¡Santísimo Señor de los Exércitos! ¡No topé en mis años con mujer más rebelde! ¡Lo que retalea! ¡Lo que retalea! Le hablé al corazón, y por nada de este mundo consintió en tornarse acá.

JUANA DE JUNO.—Veremos lo que alcanza Malvín.

LA NAVORA.—¿También va cabo de ella? No sacará nada... ¡La Galana quiere que el amo se humille!... ¡Que con sus canas y su gran orgullo vaya a rogarle!... ¡Quiere que la cubra de oro!

JUANA DE JUNO.—Malvín, si tercia, no habrá de ser con palabras conqueridoras. ¡Antes de partir estuvo afilando la hoz! Mas el amo, que lo vide, le ordenó que la dejare, y por segunda vez le llamó para hacerle sus recomendaciones.

LA HIJA MAYOR DE ROSA DE TODOS.—Mi verdad, que si tanto había de afanarse el amo por recobrar al infante, más le valiera no haberse desavenido con la madre y apartarla con aquello que pedía.

JUANA DE JUNO.—¿Y tú sabes lo que pedía? Cada hora una nueva cosa. ¡Y don Pedro Bolaño siempre fue muy celoso de su fuero!

En la puerta ahumada, abierta en el rincón del muro, aparecen dos sombras borrosas y silenciosas. El caballero labrador apoya una mano en el hombro de DOÑA ISOLDINA. *Despacio y sin hablar pasan por entre los familiares, y van a sentarse ante la mesa dispuesta cerca del hogar para la cena.*

DON PEDRO.—¿Sabe tu madre que estás en mi casa?

DOÑA ISOLDINA.—Supondrá que estoy en la novena.

DON PEDRO.—Hoy colacionas conmigo. Tu compañía me consuela, y no te dejo ir.

Con esto, DON PEDRO BOLAÑO, *dando un suspiro, se sienta en su sillón frailero. A la otra cabecera, es un es-*

cabel, se sienta DOÑA ISOLDINA. *El viejo queda un momento distraído mirando la llama. Una moza sube de la bodega el jarro talavereño, y una vieja sirve la cena.* DON PEDRO *se santigua y bendice la mesa. Hay un leve y apagado murmullo, que finalizan a un tiempo el amo y la sobrina.*

DON PEDRO.—¡Amén!

DOÑA ISOLDINA.—¡Amén!

DON PEDRO.—¿Qué alcanzará Malvín? ¿A ti no te anuncia nada el corazón, sobrina?

DOÑA ISOLDINA.—¡Hace tanto tiempo que no creo en anuncios del corazón!... ¡En el día más alegre de mi vida ocurrió la desgracia!... ¡Y mi corazón cantaba!

DON PEDRO.—¿Y ahora no sientes alguna voz secreta?

DOÑA ISOLDINA.—No... Ni creo en ellas.

DON PEDRO.—¡Yo, sí! En todos los sucesos graves de mi vida el corazón me anunció lo que estaba oculto. La muerte de mi hijo la vi en un sueño... Y de los disgustos y de los afanes que ese huérfano había de ocasionarme, también tuve presentimiento. A guiarme de la corazonada, jamás lo hubiera traído conmigo. Sin tu inclinación por el monjío, ese niño no entra aquí.

DOÑA ISOLDINA.—Era una obligación mirar por él.

DON PEDRO.—No. Me lo pusieron delante de los ojos, y estaba yo tan solo... Pero antes de que todo eso ocurriese, mi primer impulso fue llamarte a ti, tenerte a mi lado... Y acaso, andando el tiempo, casarte con otro hombre y criar vuestros hijos como mis nietos... ¡Eso debió ser!

DOÑA ISOLDINA.—No se quiere más que una vez en la vida.

DON PEDRO.—Calla con esas historias de libro impreso. Se quiere siempre: La moza al mozo, y el viejo al niño. Mírame a mí, que no puedo vivir sin ese nieto de tras la Iglesia. ¿Tú comprendes la cárcel que sería esta casa quitando el sol de todas sus ventanas? Pues eso será mi vida si no recobro al nieto.

DOÑA ISOLDINA.—¡Dios lo traiga!

Entra humildemente una mocina con ojos de inocencia. En las manos sostiene un nido de tórtolas.

LA MOCINA.—¡Santas y buenas noches!
VARIAS VOCES.—¡Santas y buenas!
DON PEDRO.—¿Acomodaste al ganado, Musquilda?
LA MOCINA.—Acomodé, sí, señor.
DOÑA ISOLDINA.—¿Qué tienes? Suspiras como después de haber llorado, rapaza.
JUANA DE JUNO.—¿Te coceó la vaca?
LA MOCINA.—Murieron las tórtolas que estaba criando para el lucerín. De hambre no fue. Así, frías como están, topelas en el nido.

Bajo el arco que abre zaguán a la plaza hay una hilera de figuras desvanecidas, diluidas, monótonas. Gesto y voz en la gama del gris.

DIANA DE SÁLVORA.—Ya está don Pedro a su mesa. ¿Quién entra primero?
LA ABUELA.—¿Qué vos manda la doctrina? ¿No vos manda ser de pro para los viejos?
LA OFRECIDA.—Nos vamos delante porque somos dos, y la vez de la una y la vez de la otra hacen una vez mayor.

Se adelantan juntas y encorvadas. Quedan en el umbral viendo el fuego, con las llamas bailando en los ojos.

JUANA DE JUNO.—No embrujéis la lumbre, de lejos.
LA ABUELA.—¡Espíritu Santo!
LA OFRECIDA.—¡Ave María!
JUANA DE JUNO.—¿Qué conveniencia os trae?
LA ABUELA.—Cambiar maíz por pan cocido. Estas espigas que nos dieron por las puertas.
JUANA DE JUNO.—¿Quién cosechó maíz tan cativo?
LA ABUELA.—Reparo pones a la limosna que diste.

DON PEDRO BOLAÑO, *que ha estado mirando a la vieja muy fijo y encapotado, saca el cuerpo un poco fuera en el sillón frailero.*

DON PEDRO.—Tú no eres nativa de Lugar de Condes.
LA ABUELA.—¡Sí, señor, cabo del crucero!
DON PEDRO.—Darás aviso a Remigio de Cálago para el Foral del Canabal. ¡Que no busque andar en justicias!
LA OFRECIDA.—Remigio del Cálago se mudó de Lugar de Condes. Ahora vive en Lugar de Reyes: Si no le corre prisa, mañana de amanecido le llevo volando el recado.
DON PEDRO.—Que os cambien ese maíz.
LA ABUELA.—Por un pan entero.

Calladas, silenciosas, han ido entrando en la cocina las otras sombras cobijadas bajo el arco del zaguán. Un rapacín cubierto con el manteo de la madre, y DIANA DE SÁLVORA. *Viene con ella una brisa de redes y algas. Es blanca, alegre, desnuda de pierna y de pie, con los ojos verdes de onda de mar, metida en vientos y en soles.*

DIANA DE SÁLVORA.—¡Santas noches!
TODOS.—¡Santas y buenas!
DIANA DE SÁLVORA.—Venía a vuestra puerta por un puñado de harina leveda[62] para amasar.
JUANA DE JUNO.—¿Para amasar o para un unto?
DIANA DE SÁLVORA.—¡Ni que fuera una bruja!
LA NAVORA.—Bruja, no, pero les echas un requiebro.
DIANA DE SÁLVORA.—¡Tengo ciencia! Con ella esclarezco las vidas. Señor don Pedro, ¿quiere que le lea las cartas y le manifieste su mañana?
DON PEDRO.—Ya sabes que maldigo de hechicerías.
DIANA DE SÁLVORA.—¡Mire que en la faltriquera traigo el naipe!
DON PEDRO.—¡Nada de adivinos!
DIANA DE SÁLVORA.—¡A ver qué salía! El cinco de

[62] *leveda:* (galleg.) *léveda*, fermentada.

oros. ¡Vea! Audacia y fortuna. Esto dice una consecuencia de cuanto aquel escrúpulo que tuvo y fue tocante...

DON PEDRO.—¡Cuándo dejarás de venirme con estas salmodias! Esta noche no quiero conocer el porvenir.

DIANA DE SÁLVORA.—Canta el viento marino. Corazón valiente no teme interrogar al Destino.

DON PEDRO.—Corazón valiente otro tiempo lo fui y lo mostré.

Sucede un largo silencio. La cocina tiene paz de retablo. Danzan las llamas en el hogar, y en torno todas las figuras están quietas, imbuidas de misterio. Bajo el manteo que le encapucha, EL RAPACÍN *levanta su voz, clara como en el coro.*

EL RAPACÍN.—Dice mi madre que si le emprestan un puño de harina de maiza para hacer unas papas, pues ella no tiene con qué darnos cena.

DOÑA ISOLDINA.—¡Pobres almas! Son cinco, y la madre ella sola a trabajar. ¿Qué hace tu madre?

EL RAPACÍN.—Pues no hace nada. Cava la tierra.

DON PEDRO.—Dile de venir mañana para sacar los ganados, pues está en un viaje Malvín.

EL RAPACÍN.—¿No me dan la harina?

DIANA DE SÁLVORA.—¿Y a mí ese puño de levedo?

DON PEDRO.—Dad al rapacín lo que pide. Tú, Diana de Sálvora, siéntate. Cenarás el compango con todos, y luego te arrimarás a hilar una rueca, que pronto esperamos al tejedor.

Aparecen en la puerta EL CIEGO DE GONDAR *y* LA MOZA. *Dos figuras negras, que despiden un vaho de humedad. El hombre se sacude bajo la anguarina*[63]. *La mujer hace temblar largo y fino las sonajas de la pandera.*

EL CIEGO.—¿Dan su licencia al Ciego para que se ca-

[63] *anguarina:* véase nota 32.

liente a la lumbre? Algo tiene que comunicar al señor don Pedro Bolaño. ¡Mi amo por toda la vida! Aun cuando no veo, paréceme que está sentado a la mesa. ¡Que le haga muy buen provecho!

DON PEDRO.—¡Mala nueva traéis! ¡Sois pájaros de mal agüero!

LA MOZA DEL CIEGO.—La nueva que traemos así puede ser buena como puede ser mala. No la denigre sin la conocer, que no le pedimos aguinaldo por ella.

EL CIEGO.—Me falta la luz de los ojos, y de todas las cosas de este cativo mundo solamente logro alcanzar una parte pequeña... Pero decía mi abuelo que por la oreja, como por el rabo, se reconoce todo el cuerpo de la bestia. A Rosa Galans le robaron el hijo. Quien fuese no sé...

DON PEDRO.—¿Tú lo has visto?

EL CIEGO.—Yo nada veo.

DON PEDRO.—¿Tú?

LA MOZA DEL CIEGO.—Saber cosa cierta, ninguna. Oímos voces... Y los tiros que daba Valerio...

EL CIEGO.—¡Y hasta el gemido de un cristiano al fincar[64] en tierra!

DON PEDRO.—¡Tampoco ahora me engañó el corazón!

DOÑA ISOLDINA.—¿En dónde ha sido?

EL CIEGO.—¡En el Paso de la Barca!

DON PEDRO.—¡Encended luces!

JUANA DE JUNO.—¡Son los asesinos de don Miguelito!

DON PEDRO.—¡Pediré justicia!

LA NAVORA.—¡Le comerán los canes de la curia! ¡No hay justicia en Quintán de Castro Lés!

DON PEDRO.—¡Pues haré la justicia por mi mano! ¡Iré a sacarles de su madriguera!

DOÑA ISOLDINA.—¡No irá usted solo! Yo también iré.

JUANA DE JUNO.—¡Y todos nos! Ya están encendidas las teas.

EL CIEGO.—No descubran al Ciego... Es la primera vez que olvida los mandamientos del pobre de pedir.

---

[64] *fincar:* véase nota 44.

DOÑA ISOLDINA.—Alguien llama desde el camino.

LA VOZ DE MALVÍN.—¡Socorro, mi amo!... ¡Socorro!...

DON PEDRO.—¡Es la voz de Malvín!

LA VOZ DE MALVÍN.—¡Socorro!... ¡Venid a recogerme!...

DON PEDRO.—¡Alumbrad el camino!

LA VOZ DE MALVÍN.—¡Muero desangrado! ¡Socorro, mi amo!

DON PEDRO.—Su voz llega hasta mí como un remordimiento. Tiemblo de miedo y de angustia... ¡Y de dudas también!... ¿Acaso la avaricia me ha endurecido el corazón? ¡Señor, pon al niño en mis brazos y déjame tan pobre, tan pobre, que pida limosna para él!

El portón de la cocina está abierto de par en par ante el cielo estrellado y profundo. DON PEDRO BOLAÑO *hállase atento a los rumores de la noche, vencido, amedrentado, caviloso, sintiendo en el oscuro enlace de todas las cosas lo irreparable y lo adverso del Destino. De fuera llegan las ráfagas de un rumor asustadizo y doloroso.*

LA VOZ DE DOÑA ISOLDINA.—¡Cayó en la cancela! ¡Tiene al niño abrazado! ¡Dádmelo! ¡Dádmelo!

JUANA DE JUNO.—¡Está aterido el ángel de Dios!

MALVÍN.—¡Está muerto!

JUANA DE JUNO.—¡De la sien le corre un hilo de sangre!

Aparece en la puerta DOÑA ISOLDINA *con el niño en brazos.* JUANA DE JUNO *le cruza las manos amoratadas sobre el pecho y le cubre la cara con un pañuelo blanco. El viejo labrador levanta los brazos como una sombra.*

DON PEDRO.—¡Le mató la dureza de mi corazón!

LA MOCINA.—¡Qué lirio blanco, blanco!... Parece un Niño Jesús.

LA NAVORA.—¡No aparenta muerto! Acercarlo al fuego... Por veces nos engañamos... Pudiera revivir el ángel de Dios.

MALVÍN.—El mismo plomo que pasó mi pecho, el mismo plomo le mató.

DOÑA ISOLDINA, *sentada en una silla de roble, tiene acostado al niño en su regazo. En torno, sobre las losas, están arrodilladas las figuras familiares como en los retablos del nacimiento y de la muerte de Nuestro Señor Jesucristo.* DON PEDRO BOLAÑO, *en su sillón cerca del fuego, habla entre sí con apagada voz.*

DON PEDRO.—¡Tan viejo y tan solo! ¡Ya me pueden enterrar!

MALVÍN.—¡No se desconsuele, señor mi amo! Tengo una niebla en los ojos y no puedo verle la cara, mas por el sonar de sus palabras paréceme que llora. ¡No llore, señor mi amo! ¡No llore, mi padre don Pedro!

DON PEDRO.—¡Qué hacer sino llorar!

MALVÍN.—Voy a morir, y es mi obligación descubrirle la verdad de todas las cosas. No llore como su sangre, la sangre derramada del picarín.

DON PEDRO.—¡Rosa de mi sangre, que mi vida alegraba!

MALVÍN.—¡Engaño era! ¡Engaño de malas mujeres!

DON PEDRO.—¿Qué importa que fuese engaño? Sobre mi cuello se juntaban sus manos, y como aquellos hijos míos que vi morir de ángeles, me sonreía.

LA NAVORA.—No hables tú, Malvín. Hablando pierdes vida. Restaña con este lienzo la sangre que te mana. Estás atarazado como un Nazareno.

MALVÍN.—Un can blanco vino tras de mí.

JUANA DE JUNO.—¿Por qué no lo espantaste?

MALVÍN.—Porque pensé: ¡Malvín, pecador, es el can de la muerte, y si ha de roerte los huesos en la sepultura, cuando no lo sientas, que roa en ellos mientras estás vivo, y este dolor vaya en descargo de tus culpas!

MAURIÑA *y* ANXELO, *dos figuras doloridas, hechas de terror y de miseria, llegan sigilosas hasta el umbral de la puerta y se arrodilla con las manos juntas, estremecidas bajo sus harapos.*

MAURIÑA.—¡Casa enlutada!

ANXELO.—¡Sangre derramada!

MAURIÑA.—¡Habla para que llamen al verdugo y te sea perdonada!

ANXELO.—¡Vednos aquí arrodillados sobre la tierra, besándola con nuestra boca y haciendo en ella las cruces benditas! ¡Vednos aquí pidiendo un castigo y las justicias de este mundo para ser perdonados en aquel otro mundo de la verdad resplandeciente, donde los santos y los ángeles, lindos como soles, están cantando y bailando sus bailes a la vera de Dios Nuestro Señor Jesucristo! ¡Aquí arrodillado publicaré mi condenación! ¡Mi palabra, palabra será que hile el cáñamo de un dogal! ¡Noble caballero, toma un hacha en tus manos y corta mi cabeza!... ¡Corazón afligido, castiga al matador!... ¡Ay!... ¡El can que aúlla! ¡No lo dejéis entrar!

MAURIÑA.—Remata con una palabra tu confesión, Anxelo. ¡Que hemos llegado a esta puerta arrastrados en el aire del ánima en pena! ¡El ánima en pena del hijo que lloras, noble caballero! ¡Juntos la vimos cuando íbamos caminando por una senda! ¡Abrazados nos trajo en su torbellino, mas yo no soy culpada!

ANXELO.—¡Aúlla el can! ¡Aúlla el can!

MAURIÑA.—Es la mujer que lo tiene embrujado. No la dejen entrar. ¡Remata, Anxelo, con una palabra que la sombra del muerto vuelva a la huesa!

ANXELO.—¡Aúlla el can!

Se oye en una ráfaga la voz de ROSA LA GALANA, *y se ve su sombra que adelanta en el noche. En la cocina callan todos como recogidos bajo el vuelo de unas alas invisibles.*

LA VOZ DE LA GALANA.—¡Don Pedro Bolaño, devuélvame a mi hijo! ¿Es acción de caballeros o de facciosos robar el hijo a una madre? ¿No hay justicia en Quintán de Castro Lés?

DON PEDRO.—¡Entra, sierpe rabiosa! ¡Entra!

LA GALANA.—¡Ay, viejo mañero, quier que entre! ¡No entro, no! ¡Conozco la artería! ¡Me pone la trampa para me llevar a la justicia con aquel dictado de pisar en su casa por la fuerza!

DON PEDRO.—¡Ojalá nunca hubieras pisado en sus losas! ¡Contigo vienen desgracias y furias! ¡Entra y contempla a tu hijo muerto!

LA GALANA.—¿Qué dice, condenado? ¡El hijo mío, muerto! ¡Muerto el jilguero de más lindo cantar! ¡Muerto después de haberlo criado con los trabajos del mundo! ¡Nuestro Señorín de Belén! ¡Siete ferrados de trigo gastados en yerbas de medicina y miel para las aguas! ¡Si no era con miel, me las cuspía[65], que en todo heredaba la inclinación de caballero! ¡No me desampares, Pedro Bolaño! ¡Era la flor de ese gran árbol esa prenda muerta!

DON PEDRO.—¡Era la flor de la tierra!

LA GALANA.—¡No desampare a la madre!

DON PEDRO.—¡A la sierpe que lo mató!

LA GALANA.—¡Yo! ¿Qué yo lo maté? Ustede, que me lo roba ahora, y que antes me lo devolvió por no darme lo que era debido. Recuerde que ni aun quiso escucharme. Tengo testigos. ¡Reclamaré ante la Justicia!

DON PEDRO.—¡No hables tú de Justicia! ¡Lo que debes hacer es temerla!

LA GALANA.—¿Y por qué la he de temer? El que no es culpado, no teme.

DON PEDRO.—¡Tú eres culpada! ¿Quién asesinó a mi hijo, Rosa Galans?

LA GALANA.—¿Ahora me levanta esa calumnia? ¿Qué hablaste tú, Mauriña? ¿Qué hablaste, Anxelo? ¿Qué buscáis aquí? ¿Un pedazo de pan? En mi casa lo tenéis sin vos poner de rodillas, humillados con los brazos abiertos. ¡Vamos, Anxelo!

ANXELO.—¡Rosa!

LA GALANA.—¡Hírguete!

---

[65] *cuspía:* (galleg.) salivar, escupir.

ANXELO.—¡Rosiña!
LA GALANA.—¡Vamos!
ANXELO.—¡Vamos!
MAURIÑA.—¡Nuevamente te echas al cuello la cadena de pecados!
ANXELO.—¡No me la arranca nadie, si no es la muerte!
LA GALANA.—¡Tú tampoco quedas aquí, Mauriña! ¡Anda con nos!
MAURIÑA.—¿Adónde, Rosa?
LA GALANA.—Adonde vos lleve.
MAURIÑA.—¿Mas adónde?
LA GALANA.—¡A los Infiernos!

ANXELO *y* MAURIÑA *salen delante, humilladas las frentes, con un tremido trágido bajo sus harapos. La mirada dura y negra de* ROSA GALANS *sigue hasta que pasan el vano del arco.* LA GALANA, *en el umbral, se vuelve, escupe en las losas y hace los cuernos con la mano izquierda. Las gentes de la cocina se santiguan. Un momento después tres perros blancos ladran en la puerta.*

FINIS TRAGEDIAE

LA CABEZA DEL BAUTISTA

MELODRAMA PARA MARIONETAS

DRAMATIS PERSONAE

DON IGI EL INDIANO.
LA PEPONA.
EL JÁNDALO
VALERIO EL PAJARITO.
EL BARBERO.
EL SASTRE.
EL ENANO DE SALNÉS.
RONDALLA DE MOZOS.

La Bandera Roja y Gualda, café y billares del indiano. DON IGI EL GACHUPÍN, *le decían en las tierras remotas por donde anduvo.* DON IGI *hace cuentas tras el mostrador, tiene un rictus de fantoche triste y hepático. En la acera de los billares hay rueda de mozos, se conciertan para salir de parranda, y deshacer el baile de Pepiño el Peinado. Una mujerona con rizos negros, ojeras y colorete, en el fondo del café, juega con el gato. A su espalda brilla la puerta de cristales, y el claro de luna en el huerto de limoneros. Noche de estrellas con guitarras y cantares, disputas y naipes en las tabernas a la luz melodramática del acetileno. En la puerta de los billares, los mozos están templando.* VALERIO EL PAJARITO *alarga el cuello sobre la guitarra*

VALERIO.—Primero, a la casa del cura. Hay que cantarle alguna pulla que le encienda el pelo.

EL BARBERO.—El cura con nadie se mete.

VALERIO.—Pues alguno se duele de sus pláticas. ¿Qué le va ni le viene al cura con que haya amancebamientos?

EL SASTRE.—Don Igi te paga, Valerio.

VALERIO.—Don Igi es librepensador, y se ríe de pamemas.

EL ENANO DE SALNÉS.—Pepona, como mujer, es quien se consume viéndose señalada por la Iglesia.

EL SASTRE.—¡No es para menos!

VALERIO.—El cura, y todos los curas, predican el oscurantismo, y ninguno cumple su misión, que es de paz. Aquí están haciendo mucha falta los ingleses.

EL BARBERO.—¿Has templado, Valerio?
VALERIO.—Por mí no se espera.
EL BARBERO.—Primero debiera ser un recorrido general.
EL DE SALNÉS.—¡Lo apruebo! Viene a ser como un cumplido a la población.
EL BARBERO.—Justamente.
VALERIO.—¿Cuántos son los Pepes?
EL DE SALNÉS.—Pues el secretario, el teniente, el fiscal, Don Pepe Dueñas, Don Pepito, el presidente del Orfeón; Doña Pepita Puente, Pepitiña Rúa. En todas las calles tenemos Pepe. ¡En alguna, tres!
VALERIO.—¡Todo lo cotillas, Merengue!

Sobre un caballo tordillo, con jaeces gauchos, viene por la carretera un jinete. Poncho, jarano[66]*, altas botas con sonoras espuelas. Se apea con fantasía de valentón.*

EL JÁNDALO[67].—¡Salud, amigos! ¿A lo que parece, hay buen humor en este pueblo? No se extrañe la pregunta, que soy forastero.
VALERIO.—Pues sí, amigo, nos divertimos.
EL JÁNDALO.—Alberto Saco reclama su puesto.
VALERIO.—¿Qué puesto quiere Alberto Saco?
EL JÁNDALO.—Alberto Saco, donde entró, fue primero.
VALERIO.—En pocas villas habrás entrado, poco corrido los mundos.
EL JÁNDALO.—He rodado por todos los cabos del planeta. De América vengo.

---

[66] *jarano: sombrero jarano,* el de fieltro, usado en América, muy duro, de color blanco, falda ancha y tendida horizontalmente, y bajo de copa, la cual suele llevar un cordón que la rodea por la base y cuyos extremos caen por detrás y rematan con borlas (DRAE).

[67] *jándalo:* aplícase a los andaluces por su pronunciación gutural. 2, En Castilla, Asturias y otras regiones del Norte, se dice de la persona que ha estado en Andalucía y vuelve con la pronunciación y hábitos de aquella tierra (DRAE). En este caso, el término se extiende a la América de habla española.

VALERIO EL PAJARITO, *parodiando al gaucho pampero, le alarga la mano en compadre, y el otro, en el mismo talante, choca la suya.*

VALERIO.—¡Che! ¿Venite vos de la América? ¿Conocé vos la Pampa argentina?

EL JÁNDALO.—¡Desde el cabo de Hornos al estrecho de Bering, nada me queda por conocer!

VALERIO.—Buena tierra toda ella para ganar plata. Se gana y se bota juntamente, pero el ahorrativo se enriquece. Hable Don Igi.

EL JÁNDALO *entra por el ámbito de los billares, azotándose las botas con el rebenque*[68]*, y haciendo el gallo se acerca a la mujer de los rizos.*

EL JÁNDALO.—¿Niña, se puede platicar al patrón?

LA PEPONA.—¿Tienen ustedes algún negocio?

EL JANDALO.—Una cuenta traspapelada.

LA PEPONA.—¿Usted no es de estos reinos?

EL JANDALO.—Yo soy un poco de todas partes.

DON IGI, *curioso, viene al mostrador y se reclina a placer, cruzando los brazos, la pluma en la oreja y los espejuelos sobre la calva. El gato se escurre de los brazos de la mujerona: Taciturno y elástico, trepa al mostrador y se coloca al lado del tendero como para inspirarle.*

DON IGI.—Honradez y trabajo ha sido mi lema durante veintisiete años que radiqué en Toluca[69]. ¡Lo que es el sino de los hombres! Merito[70] acababa de tras-

---

[68] *rebenque:* en su 2.ª acepción, látigo recio de jinete (DRAE).

[69] *Toluca:* Capital del estado de México (México), a 73 kilómetros de Ciudad de México.

[70] *Merito: mero,* mexicanismo que suele usarse como adjetivo y como adverbio; en este último caso, con los sentidos de *mismo, casi, muy.*

pasar el negocio y retirarme, estalló la revolución. ¡Son batallas campales todos los días y tiroteos a los trenes! El español, tan situado con el porfirismo [71], se ha visto más que fregado.

VALERIO.—Eso, patrón, ocurre por todo el extranjero. Usted lo habrá visto.

DON IGI.—Yo en todas partes fanaticé por mi patria. ¡España sobre todas las naciones!

EL JÁNDALO, *tirada la mangana* [72] *a la hembra de los rizos, camina al mostrador, y la morocha amusga la oreja para entender lo que trata con el patrón. Sólo percibe el murmullo de las voces en sordina, y el guiño verdoso de las caras bajo el mechero de la luz.* DON IGI *tiene una actitud de fantoche asustado. Con los pelos de punta, huraño y verdoso, se lleva un dedo a los labios.*

EL JÁNDALO.—Pensé no me reconocería usted, Don Igi.
DON IGI.—No estás tan cambiado.
EL JÁNDALO.—No ha sido, con todo, al primer pronto.
DON IGI.—¿Dejaste tu nombre?
EL JÁNDALO.—Me pesaba.
DON IGI.—Siempre rodando.
EL JÁNDALO.—Siempre. ¿Usted, aquí radicado?
DON IGI.—Trabajando sin ver fruto. Arruinándome por dotar a este pueblo de café y billares. Un progreso que no saben estimar.
EL JÁNDALO.—¿Se ve usted incomprendido?
DON IGI.—Y arruinado.
EL JÁNDALO.—¿Conque tan carente de plata?
DON IGI.—Quebrado.
EL JÁNDALO.—¿Tendrá usted crédito?

[71] *porfirismo:* alusión al dictador mexicano Porfirio Díaz, que detentó el poder de 1876 a 1911.
[72] *mangana:* lazo que se arroja a las manos de un caballo o toro cuando va corriendo, para hacerle caer y sujetarlo (DRAE).

DON IGI.—Tampoco.
EL JÁNDALO.—Pues yo vengo por numerario.
DON IGI.—¡Estaba esperando esa puñalada!
EL JÁNDALO.—¡Soñación, Don Igi, que me vaya sin plata! A todo vengo dispuesto.
DON IGI.—¡Prudencia!
EL JÁNDALO.—Decidido a publicar nuestro conocimiento.
DON IGI.—¡Espera!
EL JÁNDALO.—Estoy rematado de condena, y la denuncia que haga hasta puede valerme una recompensa.
DON IGI.—¡Ten juicio!

EL JÁNDALO *se volvió para mirar al fondo de los billares: Había sentido el magnetismo de los ojos de la mujerona, fosforecidos bajo el junto entrecejo:* LA PEPA *le sonreía, pasándose la lengua por los labios, y la respondió con un guiño obsceno. En la acera de los billares, la ronda de mozos templaba las guitarras.*

EL JÁNDALO.—¡Don Igi tiene usted una buena hembra por compañera!
DON IGI.—¡Muy honesta!
EL JÁNDALO.—¿Va usted a pasaportarla como a la difunta?
DON IGI.—¡Calla, malvado!
VALERIO.—¡Che! ¿El amigo, que pedía una guitarra, ya no la quiere?
EL JÁNDALO.—Alberto Saco no más se raja. Don Igi, nos vemos.
DON IGI.—Así tendrá que ser. Horita, diviértete.
EL JÁNDALO.—¡Venga la guitarra! Patrón, despida usted a estos amigos con una copa. Va por mi cuenta.
EL DE SALNÉS.—Mira si tienes la guitarra bien templada, Alberto Saco. Me parece que no ha de faltarte gracia para puntearla.

VALERIO.—¡Alberto Saco, tú entodavía no conoces a Merengue!

Babel de burlas. Los mozos entonan y rasguean en la acera de los billares, y de allí parten con una mazurca de aldea. La mujerona se ata una liga, enseñando las medias listadas, a los ojos del gato y del gachupín.

DON IGI.—Ese pendejo que has visto, me pondrá el revólver en la mano.

LA PEPONA.—¡Ay, qué célebre!

DON IGI.—No es modo de respuesta a un compromiso tan urgente.

LA PEPONA.—Te llevo el aire.

DON IGI.—¿Y ni preguntas quién sea el tal sujeto?

LA PEPONA.—Un conocimiento que tienes de la América.

DON IGI.—¡El propio Satanás!

LA PEPONA.—¿Y qué le trae?

DON IGI.—¡Perderme!

LA PEPONA.—¿Te pide el alma?

DON IGI.—¡Me pide dinero!

LA PEPONA.—¡Pues, sí, que no sabes hacerte el guaja [73]!

DON IGI.—Ese sujeto es mi más mortal enemigo. ¡Y todo ello porque no quiero entregarle el fruto de mi sudor! ¡Que trabaje! ¡Que se sujete! ¡Que aprenda en la escuela del mundo lo que cuesta el dinero! ¡Ese malvado quiere dejarme pobre!

LA PEPONA.—¡Condenado pensamiento!

DON IGI.—¡Arruinarme!

LA PEPONA.—¡No te dejes!

DON IGI.—¡Me cuesta ya muchos miles!

LA PEPONA.—¡Ladrón!

DON IGI.—Esta noche volverá.

LA PEPONA.—¿Y si encontrase cerrado el establecimiento?

---

[73] *guaja:* pillo, tunante, granuja (DRAE). Pero más parece asimilarse a la voz *guaje,* mexicanismo, en su 4.ª acepción: bobo, tonto.

DON IGI.—Volvería mañana.

LA PEPONA.—¿Y si encontrase aún más cerrada tu bolsa?

DON IGI.—¡Me deshonrará, me calumniará con algún falso testimonio, y hará que me prendan!

LA PEPONA.—¡Mucho le temes!

DON IGI.— ¡Cómo no! Ese malvado me ha hecho liquidar con un quebranto de algunos miles el negocio de Toluca.

LA PEPONA.—¡Espanto me das! ¿Qué oculto poder tiene sobre ti ese sujeto?

DON IGI.—¡Será mi ruina!

LA PEPONA.—¡Higinio Pérez, tú has cometido alguna gran culpa! ¿Qué secreto es el tuyo? ¡No pierdas la cabeza! ¡Declárate con una mujer que te ha dado cuanto tenía, que no reparó en su decoro para quererte!

DON IGI.—¡Ya está llamando!

LA PEPONA.—¡Asosiega! El gato, que saltó del mostrador al suelo, ha dado ese golpe.

DON IGI.—¡Vendrá! ¡Acabará por dejarme en cueros!

LA PEPONA.—¿Pero qué nudo de horca te aprieta ese Alberto Saco?

DON IGI.— Trae el nombre mudado.

LA PEPONA.—¡Higinio Pérez, desahoga tu pecho en mi pecho! ¿De qué estás culpado? ¿Acaso una muerte?

DON IGI.—¡Por tan vil calumnia liquidé el negocio de Toluca! ¡Ese trueno es hijo de mi difunta Baldomerita! ¡Mató a su mamá por heredarla, y me complicó en el crimen! ¡Lo creyeron, con el odio que allí hay para todos los españoles prominentes! ¡Por apasionamiento se indujeron en mi contra los jueces!

LA PEPONA.—¿Te condenaron?

DON IGI.—Era la tema rabiosa de los jueces, condenar a un gachupín [74]. ¡Parcialidades! Todo, motivado por la calumnia de ese Satanás.

---

[74] *gachupín:* o *cachupín,* mote que se aplica al español que pasa a la América Septentrional y se establece en ella (DRAE).

LA PEPONA.—¡Acaba! ¿Te condenaron?

DON IGI.—Sin fundamento. Inducidos, no más, por una hipoteca que pesaba sobre los bienes de la difuntita. Ahí radica la mala voluntad del hijo desnaturalizado. Quería heredar a su víctima, y encontró que no había tal herencia. Pensó que, a las escondidas, era yo el heredero.

LA PEPONA.—¡Y aunque lo fueses!

DON IGI.—Su pobrecita mamá le aborrecía más que yo le aborrezco. Desde chamaco mostró las más malas inclinaciones. ¡Un disoluto incontinente! ¡Pobrecita la difunta, tan contenta de saber que yo acrecentaría su dinerito, que siempre estaría redituando y creciendo! ¡Este saqueo, esta estafa, este latrocinio, no puede continuar! ¡Lo dicho, me pone el revólver en la mano, y a pique de perder la cabeza! ¡Mudó de nombre, mudó de cara, solamente su ruin condición no muda!

LA PEPONA.—Pues no parece que le hayas desconocido.

DON IGI.—¡Me hizo la mueca de la difunta!

LA PEPONA.—¡Jesús, qué escarnio!

DON IGI.— ¡Despavorí con ella!

LA PEPONA.—Bebe una copa, que ahora lo que tú tienes es fiebre.

DON IGI.—¡Sudores de muerte!

LA PEPONA.—Voy a cerrar el establecimiento.

DON IGI.—¡Publicará mi deshonra! ¡Rebajará mi crédito en la plaza! ¡Es preciso ver de transigirlo, y darle uno si pide ciento!

LA PEPONA.—¿Y rematar de una vez, no te hace más cuenta?

DON IGI.—¡Solamente la muerte liquida este saqueo!

LA PEPONA.—Todo hay que mirarlo. ¡Tú, Higinio Pérez, comienza por no aflojar la mosca!

DON IGI.—¿Y entonces? ¿Dejar a ese tuno que me difame?

LA PEPONA.—Según el mal que te venga.

DON IGI.—Tendré pecho. Si desentierran la causa, cegaré a los funcionarios del Consulado, me quedaré pobre, pero no verá un níquel [75] ese matraco [76].

LA PEPONA.—No juegues con la cárcel, ni te expongas a perder lo que tienes. Del hombre arruinado el mundo se ríe.

DON IGI.—¡Me das buen consuelo!

LA PEPONA.—Cerraré el pico. Mejor sabes tú lo que más te conviene.

DON IGI.—¡Ahorcarme!

LA PEPONA.—¡No es el caso tan extremoso!

DON IGI—Me toma muy viejo.

LA PEPONA.—Viejo y pendejo. Consientes que te roben, y te miras para hacerle un obsequio a quien te ha sacrificado su decoro. ¡Algunas mujeres estamos ciegas! ¿Qué plata te pide ese hombre?

DON IGI.—Aún no se manifestó.

LA PEPONA.—¿Qué hablabas antes de ponerle fin con el revólver?

DON IGI.—¡Habla!... Me tiene en sus manos, y solamente la muerte liquida este negocio.

LA PEPONA.—¡Tampoco te digo menos! ¿Pero por qué has de ser tú el señalado?

DON IGI.—¡Me toma muy viejo!

LA PEPONA.—A ese hombre, por estos lugares, nadie le conoce. Hoy pasó, mañana desapareció.

DON IGI.—Tiene los ojos de la difunta. ¡Me gana con ellos!

LA PEPONA.—Ese Alberto Saco me miró y volverá a mirarme. Pues estando en ello, vería de sujetarle con alguna seña.

DON IGI.—¡Como no me haga la carantoña de la viejita!

LA PEPONA.—Bebe, para quitarte el sobresalto. Busca

---

[75] *níquel:* en Cuba y Puerto Rico, moneda de cinco centavos (DRAE).

[76] *matraco:* Ruiz Fernández ve este término con sentido nuevo creado por Valle-Inclán, a partir del verbo *matraquearse:* «beber licor, empinar el codo», de uso corriente en Puerto Rico. El DRAE define *matraquear:* «Hacer ruido continuado y molesto con la matraca. 2, Dar matraca, importunar, chasquear.»

ánimo en el copeo. El ron con ginebra, a estilo de navegante, es muy confortador.

DON IGI.—Para un caso como el que propones, conviene tener despejada la cabeza.

LA PEPONA.—Casi seguro que podrías clavarle por la espalda. ¡Bebe!

DON IGI.—Me descubres mi propio pensamiento.

LA PEPONA.—Cuando me mirase, yo le sujetaría con una seña.

DON IGI.—¡Casual, que el facón está afilado de recién!

LA PEPONA.—Si diste el pasaporte a la vieja, te cumple no ser pendejo y rematar tu obra.

DON IGI.—Se le podría enterrar bajo los limoneros, sin dejar rastro.

LA PEPONA.—¿Te reconoces salvado?

DON IGI.—¡Pepita, esto nos une para siempre!

LA PEPONA.—¿Y esto te pesa? ¿Te pido algo? Soy tu esclava, sin esperar ninguna recompensa, y el día que de mí te canses, con ponerme el baúl en la acera me pagas.

DON IGI.—Pronto me tendrás sujeto.

LA PEPONA.—¿De mí desconfías, cuando por amor tuyo me echo encima una cadena? El presidio se abre para los dos.

DON IGI.—¡Justamente! El presidio se abre para los dos. ¡Justamente! No podrías tenerme en las uñas. ¡Eres un ángel!

LA PEPONA.—Te doy mi ayuda sin prendas. El día que de mí te canses, me pones en la acera.

DON IGI.—Higinio Pérez tendrá contigo la correspondencia de un caballero.

LA PEPONA.—Nada pido.

DON IGI.—Cumpliré con mi conciencia llevándote a la iglesia.

LA PEPONA.—No te ates por ese escrúpulo.

DON IGI.—Dame un besito.

LA PEPONA.—No quiero.

DON IGI.— ¡Eres muy rica!

LA PEPONA.—De ilusiones.

DON IGI.—Ilusiones y salud valen más que riqueza. Andale, un besito. No sea renuente, niña.

LA PEPONA.—Luego.

DON IGI.—Luego tendremos la fiesta.

LA PEPONA.—¡No estás poco gallo!

DON IGI.—Palomita, hay que cavar una cueva bajo los limoneros.

LA PEPONA.—Muy honda tendrá que ser.

DON IGI.—Para un cuerpo. No hay que perder la cabeza.

LA PEPONA.—A ti te lo digo.

DON IGI.—Negra, no te vayas sin darme un besito.

LA PEPONA.—Cuando lo merezcas.

Con un remangue, se sale al huerto lunero, y el indiano gachupín requiere sus libros para ajustar la cuenta de debes y haberes. Llega de lejos el final de una copla. Por la calle desciende el rasgeo de un pasodoble, y en el mismo trocaico compás rueda un tropel de pisadas. Jaleo de mozos en parranda. Se presiente el grupo de rondadores, concertándose en voz baja para la copla alusiva, delante de la puerta. Y salía la copla, punteada por ALBERTO SACO.

EL JÁNDALO:

Patrón, descorra la llave,
por hacer gasto venimos,
y a darle las buenas noches
la lengua mojada en vino.

Aplausos y voces la celebran por bien cantada. Luego recae un silencio, y se presiente al grupo de rondadores recaído en el métrico problema de concertar otra copla. DON IGI *saca del cajón dos taleguillos con dinero, y los esconde bajo una tabla del piso. Pálido, con los pelos como un gato espantado, sale a la puerta del ejido. Se oye el golpe del azadón bajo los nocturnos limoneros.*

DON IGI.—¡Paloma! ¡Palomita! ¡Venga, niña! No más te dilates, Pepita.

LA PEPONA.—¿Arde la casa?

Aparece levantando el azadón, que brilla a la luna, y queda en el umbral con gesto de dura interrogación. DON IGI *se pone un dedo en los labios. La ronda de mozos canta el repertorio de la musa barroca y plebeya.*

PARRANDISTAS:

Asómate a la ventana,
que a cantarte hemos venido,
rosa la más soberana
en el pensil de Cupido.

DON IGI.—¡Prudencia! Se oye el golpe de cavar la tierra.

LA PEPONA.—Está dura como un peñasco.

DON IGI.—Pues recién ha llovido.

LA PEPONA.—Empálmate el facón.

DON IGI.—Me impone la maldita carantoña.

LA PEPONA.—¡Ábreles! Y, si no, espera.

Retocándose el peinado y jaleando las caderas, se acerca a una ventana y entorna la falleba. Entra la luna. LA PEPONA *cobra un prestigio popular y romántico, con el rasgueo de las guitarras, inclinada sobre la noche de estrellas, para oír la copla.*

EL JÁNDALO.—Niña, abra usted la puerta.

LA PEPONA.—¿Y no le parece a usted, amigo, que son horas de recogerse?

EL JÁNDALO.—¿Es la opinión de su esposo?

LA PEPONA.—No tengo ese tirano.

EL JÁNDALO.— Dc su protector.

LA PEPONA.—Diga usted del patrón, y acabemos.

EL JÁNDALO.—Pues dicho. Interróguele usted, primorosa.

LA PEPONA.—¿A santo de qué?
EL JÁNDALO.—A santo de Alberto Saco.
LA PEPONA.—¿De verdad es esa su gracia? ¿Y qué saca usted? ¿Las mantecas?
EL JÁNDALO.—A usted un cachito de lengua. ¡Debe ser muy apetitosa.
LA PEPONA.—¡Juicio!
EL JÁNDALO.—¡No me fleche usted esos ojos, morena!
LA PEPONA.—¡Ya sabe usted lo suyo para camelar mujeres!
EL JÁNDALO.—Hasta hoy he vivido indiferente.
LA PEPONA.—Amigo, no pasa esa bola.
EL JÁNDALO.—¿Quiere usted darme la miel?
LA PEPONA.—¡Que nos está mirando el público!
EL JÁNDALO.—Abra usted la puerta.
LA PEPONA.—Vuelva usted solo.

Se retira de la ventana y cierra. Con las manos en las caderas cruza el ámbito oscuro de los billares. DON IGI *avizora, de codos sobre el mostrador, los pelos de punta, los anteojos en la frente, y el gato soplándole a la oreja.*

DON IGI.—¿Alejaste a ese hombre?
LA PEPONA.—Ahora se va, para volver solo. Cazado lo tienes.
DON IGI.—¿De qué te habló?
LA PEPONA.—Pues me ha camelado.
DON IGI.—Tú le darías pie.
LA PEPONA.—No me traigas cargos de celoso en una hora como ésta.
DON IGI.—Tampoco le temo. Ese hombre no puede darte ni agua. ¿Qué sacarías de irte con él, corriendo los mundos? ¡Trabajos! El hombre sin plata nunca puede hacer la felicidad de una mujer.
LA PEPONA.—¡Qué hablar por no callar, Higinio Pérez!
DON IGI.—Como otras veces, te digo: Pepita, considera lo que te juegas.
LA PEPONA.—Porque lo considero, me opongo al la-

dronicio de ese Alberto Saco. Deja que me camele, sé sordo y ciego. Le verías llegar hasta mis brazos, y no habías de moverte hasta el seguro momento de clavarle el facón. Esta noche acaba de sacarte más la plata ese aparecido de América.

DON IGI.—Vamos a pensar bien lo que se hace.

LA PEPONA.—El cuchillo debes tenerlo en la manga. Cuando entre, le ofreces una copa, y bebemos los tres. Tú no reparas si hacemos cambio, ni tampoco si me chulea. Piensa que entregártelo indefenso es mi juego. Ya está en la puerta.

DON IGI.—¿Quién abre?

LA PEPONA.—Yo abro. No olvides convidarle.

DON IGI.—¡Otra vez mi perdición ese pendejo!

LA PEPONA *abre la puerta, y aparece en el umbral* ALBERTO SACO. *El puño del rebenque*[77] *—un brillo de metal— levanta el extremo del poncho. Entra con reto de amigazo y compadre.*

EL JÁNDALO.—Chulita[78], vengo a que usted me fleche.

LA PEPONA.—¡Que nos está mirando el abuelo!

EL JÁNDALO.—Don Igi, salud y plata.

DON IGI.—Entra. Deja a la niña que cierre. Beberás una copa.

EL JÁNDALO.—¿No será veneno?

LA PEPONA.—Beberemos los tres para celebrar el conocimiento.

EL JÁNDALO.—El de usted y el mío. Con el patrón no es de ahora. ¡Don Igi, no se ponga tétrico!

LA PEPONA.—¿Qué bebida es la suya, amigo?

EL JÁNDALO.—La más de su gusto.

LA PEPONA.—La que usted diga.

EL JÁNDALO.—Para decirlo déjeme usted sentirle el aliento.

---

[77] *rebenque:* véase nota 68.

[78] *chulita* (american.) en México, bonita, elegante, preciosa.

LA PEPONA.—¡Ay, qué gracia!
EL JÁNDALO.—Don Igi, esta mujer no es para un viejo.
DON IGI.—Hablas sin comedimiento.
LA PEPONA.—Ya ve usted cómo el patrón le reconviene.
EL JÁNDALO.—Don Igi me parece usted algo tétrico, y con esta mucama [79] a su lado, es un mal gusto.
LA PEPONA.—A callar, y a tomar una copa. ¿Conoce usted esta botella?
EL JÁNDALO.—¡Cómo no!
DON IGI.—Hoy es de lo más caro en el comercio, no admite adulteraciones.
EL JÁNDALO.—Esta marca no vale un níquel [80].
DON IGI.—Pues no lo entiendes.
EL JÁNDALO.—¡Don Igi, mucho roba usted si es así todo el género!
DON IGI.—No mereces respuesta.
LA PEPONA.—Diga usted qué bebida le agrada, y no ponga tachas.
EL JÁNDALO.—Hay que perdonar una chunga. La bebida es de mérito.
LA PEPONA.—Pues bebamos.
EL JÁNDALO.—¡Y alegrémonos! Don Igi, pronto dejará usted de verme.
DON IGI.—En sueños te veo.
EL JÁNDALO.—¿Tiene usted enterada a la niña?
DON IGI.—Sabe quién eres.
LA PEPONA.—A dejar el pleito para mañana, que las sábanas nos esperan. Usted, amigo, excusa de buscar hospedaje. ¡Y ahora a cumplir y a verle el fondo al caneco!
EL JÁNDALO.—Es usted una mujer dispuesta.
LA PEPONA.—No se lleve usted mi copa, que será saber mis secretos.
EL JÁNDALO.—Ya sus ojos me los han contado.
LA PEPONA.—¡Es usted un atrevido!
DON IGI.—¡Tú le das pie!

---

[79] *mucama:* (american.) sirviente, criada.
[80] *níquel:* véase nota 75.

LA PEPONA.—¡Cuernos!

EL JÁNDALO.—Don Igi, vaya usted contando tres mil pesos.

DON IGI.—¡Estás demente!

EL JÁNDALO.—Pensaba pedirle a usted mucho más, pero en vista de que me llevo a esta niña, lo dejo en ese pico.

DON IGI.—¿A quién te llevas?

EL JÁNDALO.—A esta morena.

DON IGI.—Dale tú la respuesta que merece, Pepita.

LA PEPONA.—Siempre se desagera.

EL JÁNDALO.—Don Igi, ándele por la plata, y no más se preocupe por esta chinita [81]. Es el trato que yo me la lleve. Una mujer como ésta a usted no le conviene.

DON IGI.—¡Insolente!

LA PEPONA.—Amigo, deje las chanzas, y a beber formales. El pleito con el patrón lo transigirá mañana.

EL JÁNDALO.—¡Esta mujer me torea! Don Igi, vaya usted contando ese pico, que tengo el overo [82] con la silla puesta.

DON IGI.—Te daré un cheque. ¡Pero no por esa cantidad!

LA PEPONA.—Que se acabó por esta noche el pleito.

EL JÁNDALO.—Niña, esto ya no es de su incumbencia. Don Igi, ándele por el talonario, que rabia usted de verme lejos.

Remata guiñando un ojo y sacando la lengua: —la mueca de la difunta—. DON IGI, *con pasos vacilantes, llega al pie de la escalera. Inesperado estrépito de cristales le hace girar como un fantoche. El compadrito estrecha el talle de la comina y la pide los labios. Arden los ojos de la bribona. Por entre los pliegues del poncho saca una mano, y con el índice apuñala en el aire la espalda del* JÁNDALO. *El dedo, con luces de un anillo, se aguza rabioso.* DON IGI *se advierte el facón oculto en la manga. La punta, lenta y*

---

[81] *chinita:* (american.) en sus varias acepciones, la palabra puede equivaler a amante y a sirvienta o criada.

[82] *overo:* (american.) caballo blanco con manchas de color.

furtiva, asoma sobre los rancios dedos del fantoche. Parece cambiada la ley de las cosas y el ritmo de las acciones. Como en los sueños y en las muertes, parece mudada la ley del tiempo. La coima suspira rendida. Toda la mano blanca se posa sobre el cuello quemado de soles y mares. Sus ojos turbados, se aprietan, al resplandor del facón que levanta el espectro amarillo de DON IGI. LA PEPONA, *desvanecida, siente enfriarse sobre su boca la boca del* JÁNDALO.

LA PEPONA.—¡Flor de mozo!

DON IGI.—¡Horita tenemos que ahondarle la cueva bajo los limoneros, negra!

LA PEPONA.—¡Roja estoy de tu sangre!

DON IGI.—El flux[83] hay que quemarlo.

LA PEPONA.—¡Bésame otra vez, boca de piedra!

DON IGI.—No le platiques al cadáver.

LA PEPONA.—¡Flor de mozo! ¡Yo te maté cuando la vida me dabas!

DON IGI.—¿Niña, qué hace? ¿La boca le besa, después de ultimarle?

LA PEPONA.—¡La muerdo!

DON IGI.—¡Supera el escarnio!

LA PEPONA.—¡La muerdo y la beso! ¡Valía más que tú, viejo malvado!

DON IGI.—¡Vil ramera, me das espanto!

LA PEPONA.— ¡Anda a cavar bajo los limoneros, malvado! ¡Quiero bajar a la tierra con este cuerpo abrazada! ¡Bésame otra vez, flor galana! ¡Vuélveme los besos que te doy, cabeza yerta! ¡Abrazada contigo quiero ir a la tierra! ¡Tan desconocido, tan desconocido!... ¡Venir a morir en mis brazos, de tan lejos!... ¿Eres engaño? ¡Te muerdo la boca!, ¡Vida, sácame de este sueño!

DON IGI.—¡Mejor me fuera haberlo transigido con plata!

---

[83] *flux:* (american.) con el sentido de traje masculino completo.

SACRILEGIO

AUTO PARA SILUETAS

DRAMATIS PERSONAE

EL PADRE VERITAS.
PINTO VIROQUE.
VACA RABIOSA.
CARIFANCHO.
EL SORDO DE TRIANA.
PATAS LARGAS.
EL CAPITÁN.

Quiebras de Sierra Morena. Un sésamo que llaman, en romances de la caldea [84]*, Cueva del Rey Moro. Capítulo de bandoleros. Sorda disputa que alumbra una tea con negro y rojo tumulto: Las cristalinas arcadas se atorbellinan de maravillosos reflejos, y el esmalte de una charca azul tiene ráfagas de sangre. A la boca del sésamo, con el oído en la tierra, vigila una sombra. En la fábula de luces acciona y gesticula el ruedo moreno de los caballistas. Sobre el límite de la charca, el bulto de un hombre se acerca bordeando el añil esmalte estremecido de tornasoles. Se revela tras el ojo de una linterna. Diluvio de iris cae de las cristalinas arcadas sobre el oscuro ruedo.* EL PADRE VERITAS *—achivado, zancudo, barbas capuchinas, muchos escapularios al pecho, sayal de ermitaño— se acomoda despacio sobre unas jalmas que descuelga del hombro, y bate el yesquero*

PADRE VERITAS.—No más solicita que dos gracias, si se está en darle mulé [84 bis]: Un confesor para sus pecados y dormir con la parienta antes de diñarla.

PINTO VIROQUE.—¡Vaya un relajo! ¡Le apetece la fornicación y está con un pie en el finibusterre [85]!

PADRE VERITAS.—Su pío [86] no se sale de lo que autoriza el Sacramento.

---

[84] *en romances de la caldea:* en romances judíos.

[84 bis] *darle mulé:* (gitan.) matarle.

[85] *finibusterre:* patíbulo.

[86] *pío:* en 2.ª acep., fam., deseo vivo y ansioso de una cosa (DRAE).

PINTO VIROQUE.—¡Buena cosa le acuerda en una hora tan negra!

VACA RABIOSA.—¿Pero sabe, acaso, lo que propone ese marrajo? Aun dando de mano a la dormida, que no es para considerado, tampoco se puede tramitar el otro antojo. ¡Un confesor!... No estaría malo, que debe tener un disforme costal de pecados sobre su conciencia. ¿Pero dónde se encuentra un padre cura, que aluego no lo divulgue y nos apareje un estropicio?

CARIFANCHO.—Un padre cura, en un santiamén se ordena, y solamente es menester una navaja barbera para abrirle la corona.

VACA RABIOSA.—¿Y la parienta, vas tú por ella?

PINTO VIROQUE.—El fornicio es gollería y relajo, y no considerar la hora tan negra de la muerte, cuando va a comparecer en la divina Audiencia. ¡Ni le valdría haberse confesado!

EL SORDO DE TRIANA, *vejete flamenco, tufos de ceniza, patas de alambre, un chirlo de oreja a oreja, inmoviliza su magra figura en un nicho, sobre los límites azules de la charca.* CARIFANCHO *se acerca, le sacude, le grita con la boca sobre la oreja.*

CARIFANCHO.—¿Vamos estando más conformes, maestro?

EL SORDO DE TRIANA.—¡Sois unos valientes!

CARIFANCHO.—¿No cambia usted de tocata?

EL SORDO DE TRIANA.—¡Leche!

CARIFANCHO.—¡Tiene usted un genio muy condenado!

EL SORDO DE TRIANA.—¡Tu madre!

La rueda brigantona[87] *celebra con risas la torcida suspicacia del vejete. El señor Frasquito, con dos vueltas de cadena al cuello, esposadas las manos y apretada a los*

---

[87] *brigantona:* parece neologismo formado del francés *brigand,* bandido.

ojos una venda, aún exprime su terne actitud de rufo garitero [88]. CARIFANCHO *le hace una mamola* [89].

CARIFANCHO.—¡No falte usted, maestro!

EL SORDO DE TRIANA.—¡Ya te he dicho que la tuya!...

CARIFANCHO.—¡Correspondencia, maestro, que le tenemos a usted en palmitos y usted no lo agradece!

EL SORDO DE TRIANA.—¡La que te ha parido!

CARIFANCHO.—¿Señor Frasco, para cuando deja usted los cumplimientos?

EL SORDO *escupe despectivo.* CARIFANCHO *tira del cigarro y vierte el humo a estilo ceutí, bajo las narices del terne, que lo recoge adusto con encubierto goce. El ruedo de bandoleros, al otro borde, apostilla y chunguea.*

PATAS LARGAS.—Y tan puesto en negar como un canto de un río.

PINTO VIROQUE.—¡Vaya rejo!

VACA RABIOSA.—¡Hombres así, sólo para amigos! Tanicuanto se ponen contrapunteados, hay que darles pasaporte.

PATAS LARGAS.—¡Un gachó aguantando mancuerda!

VACA RABIOSA.— ¡Mala centella le abrase la lengua! Acá, tanto sellar el pío, y por fuera tan ocurrente para los vellerifes [90].

PINTO VIROQUE.—¡La avaricia!

CARIFANCHO.—¡Vete a saber que no haya sido mala sangre toda la faena!

VACA RABIOSA.—El hombre cabal, que tiene con otro un alzapié [91], lo busca donde sea, y por delante o por detrás

---

[88] *rufo garitero: rufo,* el que hace tráfico de mujeres públicas; *garitero,* el que tiene por su cuenta un garito (DRAE).

[89] *mamola: hacer a uno la mamola,* darle golpecitos debajo de la barba en señal de mofa (DRAE).

[90] *vellerifes:* (gitan.) servidores de la justicia.

[91] *alzapié:* lazo o artificio para prender y cazar por el pie cuadrúpedos o aves (DRAE). Aquí, en sentido metafórico, delación, trampa.

le suministra el santo óleo. Es el consiguiente cuando al hombre se le pone una venda de sangre, y por algo se dice que es un soplo la vida... ¡Pero el berrearse [92] y renegar de la cofradía, no hay ofuscación que lo justifique, caballeros! Esa mala faena pide pena de muerte.

PATAS LARGAS.—Hay que no acelerarse. Hoy le pasaportamos, y mañana puede acontecer que aparezca más limpio que una patena. Casos se han dado... Yo le he puesto los cabestros [93], he oído sus descargos... Compadres, el rejo con que niega me ha puesto en recelo. ¡A ver si hemos equivocado el rastro!

PINTO VIROQUE.—¡No iba a entonar la solfa como un chivato novatón!

CARIFANCHO *repite los chupetones al cigarro y vierte el humo bajo la nariz del cautivo, que lo aspira sin mudar el gesto, inmovilizado el cordobán* [94] *de la máscara en una mueca de terne desdén.*

EL SORDO DE TRIANA.—Tabaco de contrabando.

CARIFANCHO.—¡De primera!

EL SORDO DE TRIANA.—¡Gibraltarino!

El señor Frasquito acentúa su gesto de vinagre, bajo el negro tachón de la venda que le tapa los ojos.

CARIFANCHO, *por acabar de domesticarle, le pone el cigarro en la boca.*

CARIFANCHO.—¡Maestro, es usted una ortiga!

EL SORDO DE TRIANA.—Por la otra oreja, si quieres que te oiga alguna cosa.

---

[92] *berrearse:* (gitan.) delatar.

[93] *poner los cabestros:* Ruiz Fernández supone que Valle Inclán transforma aquí una expresión recogida por Zugasti: *poner los espartos,* y definida por éste como «expresión técnica que indica en el lenguaje de los bandidos que todo está averiguado y dispuesto y que sólo falta dar el golpe».

[94] *cordobán:* véase nota 10.

CARIFANCHO, *con un guiño, cambia de terrenos y le vocea.*

CARIFANCHO.—Maestro, usted aún no sabe cómo acá se le aprecia. Ahí tiene usted a esos chavales, confusos con tantas pompas fúnebres como quieren hacerle.

VACA RABIOSA.—Ponle al corriente de que estamos tramitándole la esquela mortuoria, para que salga en el «Boletín Oficial» de la provincia. El ilustrísimo gobernador no dejará de darla curso.

El señor Frasquito escupe la colilla y remeje[95] *los labios quemados.* CARIFANCHO *le berrea en la oreja.*

CARIFANCHO.—¿Maestro, le parece a usted poner en la esquela mortuoria como primer testamentario al balichó[96] de Córdoba?

EL SORDO DE TRIANA.—Ilustrísimo señor don Juan Aguirre y Cendoya. Podéis ponerlo.

CARIFANCHO.—Ya comienza usted a estar ocurrente.

PATAS LARGAS.—¡Nos lo habían cambiado!

VACA RABIOSA.—Entérale de que solamente cantando por todo lo alto le daremos indulto.

CARIFANCHO.—Maestro, es una desaborición[97] que usted no quiera gargarizar[98] para quitarse la ronquera.

EL SORDO DE TRIANA.—Es crónica.

CARIFANCHO.—Pruebe usted a desarrugar el galillo[99] con un trago.

EL SORDO DE TRIANA.—Venga.

CARIFANCHO.—¿De qué lo prefiere usted?

---

[95] *remeje:* revolver, remezclar (DRAE).

[96] *balichó:* (gitan.) cerdo. Ruiz Fernández aclara que con esta expresión insultante se alude al Gobernador de Córdoba.

[97] *desaborición:* en Andalucía, sinsabor, disgusto (DRAE).

[98] *gargarizar:* confesar.

[99] *desarrugar el galillo:* hablar, confesar. (*Galillo:* campanilla del velo del paladar.) Ruiz Fernández supone que es neologismo inventado por Valle-Inclán, lo mismo que *desarrugar el pendolín* y *meterle la ganzúa,* más adelante.

EL SORDO DE TRIANA.—Quitado el agua, todo es bueno.
VACA RABIOSA.—¡Ahí va la pellejuela!

La envía por los aires el compadre, y al vuelo la recibe el otro, que, luego de darle un tiento, guiña el ojo, socarrón, arrimándola a la boca del señor Frasquito Manchuela. Gloglotea la nuez del rufo vejete.

EL SORDO DE TRIANA.—De Moriles, con tres años de madera.
PATAS LARGAS.—¡Buen catador!
PINTO VIROQUE.—Algún parentesco le toca con los mosquitos.
CARIFANCHO.— ¿Otro latigazo, maestro?
EL SORDO DE TRIANA.—Aluego.
CARIFANCHO.—Señor Frasquito, vamos con otro para acabar de desarrugar el pendolín [100]. ¡Hale!
EL SORDO DE TRIANA.—Pollo, mi ronquera es de nacimiento.
CARIFANCHO.—¿Renuncia usted a tirarse otro trago?
EL SORDO DE TRIANA.—Por ahora.
CARIFANCHO.—El arzobispo de Sevilla repite hasta tres veces cuando celebra la misa con este mostillo.
EL SORDO DE TRIANA.—Andará todo el día con la mitra ladeada.
CARIFANCHO.—Sin duda.
EL SORDO DE TRIANA.—¿Y canta en el coro?
CARIFANCHO.—¡Como un jilguero!
PADRE VERITAS.—¡Caballeros, casi podíamos darle un bromazo pintándole un padre cura!
VACA RABIOSA.—¿Adónde vas tú con esa gachapla [101]?
PADRE VERITAS.— El señor Frasquito pide confesión, y negarle ese pasaporte es contra ley de Dios. Me hacéis la corona, y en un santiamén le arregla menda la cuenta de pecados.

---

[100] *desarrugar el pendolín:* véase nota 99.
[101] *gachapla:* (gitan.) copla.

PINTO VIROQUE.—¡No estaría malo meterle la ganzúa[102]!

VACA RABIOSA.—¿Sabes tú los latines de la faena, padre Veritas?

PADRE VERITAS.—Tengo completos los estudios de Teología. Tres años he sido monago.

PINTO VIROQUE.—Padre Veritas, yo te hago la corona, que estoy recibido de los estudios de barbero.

PATAS LARGAS.—Señor Frasco es muy tuno para que no desconfíe.

PADRE VERITAS.—El dársela corre de mi cargo. Sobre que, en caso de apuro, cualquier hombre o mujer está capacitado para administrar los sacramentos. ¡Dóminus Vobiscum! Hazme la tonsura, hermano Viroque. Hijo Carifancho, sostén en alto la linterna. ¡Dóminus tecum! ¡Refugium pecatórum! ¡Gloria Patri!

PINTO VIROQUE.—¡Vamos a ello!

Desenfunda una navaja barbera, y la pasa en la correa del retaco. EL PADRE VERITAS, *sentado sobre las jalmas, se colocaba un duro en la coronilla.*

PADRE VERITAS.—Al tamaño de este chulí.

PATAS LARGAS.—Lúcete, Viroque.

VACA RABIOSA.—Padre Veritas, a ver cómo empapas al morlaco[103] en el engaño y le haces cantar.

PATAS LARGAS.—¡Que te ganas una silba si no lo atoreas como el propio Padre Santo!

PADRE VERITAS.—¡Ya se verá! Vais a obsequiarme con las dos orejas y el rabo. ¡Ora pro nobis! ¡Judicamen Deus! ¡Agnus quitolis peccata mundi! ¡Lúcete, niño!

PINTO VIROQUE.—A más de uno tengo esquilado para pintarla en el charní[104].

PADRE VERITAS.—Enjabóname la cresta y deja la pelma.

---

[102] *meterle la ganzúa:* obligarle a confesar. Véase nota 99.

[103] *morlaco:* toro de lidia de gran tamaño (DRAE).

[104] *charní:* (gitan.) *charnique,* vida, existencia.

PINTO VIROQUE.—Te haré corona de San Antonio, que no piden menos tus barbas, padre Veritas, ¡salvo que te las pele!

PADRE VERITAS.—¡Ni la mano en ellas me pones! ¡Pater nostre! ¡Dónde tenéis visto ermitaño sin zalea [105]! Corona de San Antoñete me pintas, que esa fachada ha de irme al pelo.

PATAS LARGAS.—Te aumentará la paternidad.

PADRE VERITAS.—¡Querrás decir la reverencia!

PINTO VIROQUE.—Levanta la luz, hermano Carifancho.

VACA RABIOSA.—Padre Veritas, estás de gusto con la cresta hecha una Sierra Nevada.

PINTO VIROQUE.—Padre Veritas, voy a dejarte para dársela a San Pedro.

PADRE VERITAS.—¡Ahí es nada, Viroque! Poco que en las alturas se diquela [106] de barbería. ¿Dónde has visto patilla que supere a la del Padre Eterno? ¡Y trenzas como las que luce en el divino bureo [107] mi señora Magdalenita! ¡Ni copote como el Santo Esposo de la que es Madre de los pecadores!

PINTO VIROQUE.—¡Que vas a ir por el mundo con el pasaporte de San Antoñete!

VACA RABIOSA.—¡Ni los papeles te pide la pareja!

PINTO VIROQUE.—¡Aviado, padre Veritas! ¡Lástima no tener un cachillo de espejo para que pudieras verte! ¡Ibas a encender una vela para rezarte!

VACA RABIOSA.—¡Echa una bendición, padre Veritas! ¡A ver qué pinta sacas de Padre Santo!

PADRE VERITAS.—¡Deja que me vea en el azogue de la charca! ¡Levanta la linterna, hijo Carifancho!

VACA RABIOSA.—¡Mírate cómo has de subir al cielo!

PADRE VERITAS.—¡Mala sombra! ¡Escorpión! ¡Que tú me acompañes!

VACA RABIOSA.—¡No es razón tanta bulla para una

---

[105] *zalea:* cuero de oveja o carnero curtido de modo que conserve la lana (DRAE).

[106] *diquelar:* (gitan.) comprender, entender.

[107] *bureo:* en su 2.ª acepción, entretenimiento, diversión (DRAE).

chanza! ¡Ande y que te alumbre tu güela!... Pinto Viroque te ha dejado que pareces propiamente el buco con pelada.

EL SORDO DE TRIANA.—Carifancho, arrímame la pellejuela y le daré otro toque. ¿Niño, por dónde andas? Aporta acá el mostillo, que el dar consuelo a un reo de muerte apareja muy buenas indulgencias. ¿Tú me oyes, niño? ¿Por qué no arreglas con esos chavales y me libertas de la venda? Viéndote la acción, excusábanse tantos aspergis [108] de salivilla en la oreja.

VACA RABIOSA.—¡Y que no sale de esa barranca!

PATAS LARGAS.—¡Y no va desencaminado!

VACA RABIOSA.—Carifancho, aconséjale que tenga paciencia.

CARIFANCHO.—Maestro, aquí estamos no más para serle gratos y trabajar por la salvación de su alma. Los malos ratos que pase usted ahora van a ser caramelos en el Cielo. Hemos revuelto la tierra, y hemos dado con un santo capuchino, que viajaba para los baños. Ya tiene usted quien le absuelva de sus malos pasos.

EL SORDO DE TRIANA.—Pues sesenta años de camino. Si no es jonjana [109] que me habéis traído un confesor, quisiera quedar pronto despachado de papeles. Cautúrame a ese bendito y vosotros escarrilaros [110]. Sería bien que me bajases de este nicho, para hacer arrodillado la declaración de mis culpas.

CARIFANCHO.—¡Está usted edificante!

EL SORDO DE TRIANA.—Si no es la venda, libertarme las manos para poder santiguarme.

Remoto brilla el ojo de una linterna. Se ha incorporado el bulto puesto en escucha a la boca del silo [111].

---

[108] *aspergis: asperges,* voz latina con que empieza la antífona que dice el sacerdote al rociar con agua bendita el altar para celebrar el santo sacrificio de la misa (DRAE).

[109] *jonjana:* (gitan.) engaño.

[110] *escarrilaros:* véase nota 11.

[111] *silo:* en su 2.ª acepción, cualquier lugar subterráneo, profundo y oscuro (DRAE.).

PATAS LARGAS.—¿Hay novedad?
LA VOZ REMOTA.—Tres caballos.

PATAS LARGAS *requiere el retaco, los otros le secundan. Se deshace la rueda.* CARIFANCHO *apaga la antorcha en la charca. Por el halo de luna enfilan la boca del silo, doblándose con escorzo de acecho.* EL SORDO DE TRIANA, *vendado, esposado, enconado, reniega absurdamente ajeno a cuanto ocurre en torno, mantenido en el supuesto de que los compadres se hallan en la cueva.*

EL SORDO DE TRIANA.—Son muchas mis malas acciones en este charní [112] y no me parece que sea pediros un jamón querer aliviarme con un padre cura. Al más grande de los criminales no se le niega confesar y comulgar antes de darle mulé [113]. ¡Y que podéis veros en mi caso! ¡No olvidarlo, niños, que a un descuido os ajusta el corbatín el verdugo de Sevilla!

EL PADRE VERITAS, *puesta la linterna en alto se mira en el espejo de la charca, y el ojo de la linterna le mete su guiño sobre la tonsura. Sintió cubrírsele el alma de beato temor, frente al reflejo sacrílego de su imagen inmersa, sellada por un cristal, infinitamente distante del mundo en la cláusula azul de la charca, el ojo de la linterna como un lucero sobre la tonsura de San Antoñete.*

PADRE VERITAS.—¡Santo de real orden para obrar un milagro! ¡Salte fuera, Satanás, que este paso es cosa seria! ¡Vamos a salvar un alma!

Por las cristalinas entrañas del silo, la voz, náufraga y ciega, se dilata con profundos círculos superados de influjo geomántico. Una voz resucitada. EL PADRE VERITAS

---

[112] *charní:* véase nota 104.
[113] *darle mulé:* véase nota 84 bis.

era todo atento a la prosa del señor Frasquito. Se acerca con torvo impulso, reto de valentón, frente al sacrilegio que le asusta con oscura advertencia.

PADRE VERITAS.—Procura tener conformidad, hermano. Más pasó por nosotros el Hijo de María Santísima. Vamos a despachar en un santiamén, antes de que vuelvan esos niños escarrilados [114]. ¡Dóminus in gloria!

EL SORDO DE TRIANA.—Primero será soltarme las manos, para que espante con la cruz al enemigo que tengo dentro de mí.

PADRE VERITAS.—A lo que tienes confórmate, hermano, y ten humildad, que estás en el últmo paso.

EL SORDO DE TRIANA.—¡Humilde nunca lo he sido!

PADRE VERITAS.—¡Bien que mires a la vida pasada, para arrepentirte de tus malos ejemplos! ¿De qué te acusas?

EL SORDO DE TRIANA.—¿No rezamos el yo pecador?

PADRE VERITAS.—En un caso tan apurado puede excusarse.

EL SORDO DE TRIANA.—Vamos entonces a la descarga del contrabando. Hay de todo en el alijo, reverendo padre. ¿De qué convento es su merced?

PADRE VERITAS.—Regreso cumplido de Tierra Santa. Hacía camino para ver a mis padres, y he dado aquí por mediación de esos tunantes. ¡Vamos al avío, que para luego es tarde! ¿Sabes, hijo, los Mandamientos de la Ley de Dios? ¡Salve Santa Mater!

EL SORDO DE TRIANA.—Algo olvidados los tengo.

PADRE VERITAS.—Vete diciendo lo que sepas.

EL SORDO DE TRIANA.—¡No matarás!

PADRE VERITAS.—Poco te anduviste por las ramas. ¡No matarás! ¡Veamos qué hay en ello!

EL SORDO DE TRIANA.—¡Tres muertes sobre mi conciencia! Dejé a un sujeto sin su señora, y un mal día al gachó se le antojó venir por ella; y tanto se arrebató, que me puso en el caso de sangrarlo. Y fue como una maldición

---

[114] *escarrilados:* véase nota 11.

la mirada que me echó al enfriarle. ¡Nunca más se me ha borrado!

La ristra de tunos, aumentada ahora en dos más, se metía por la boca lunera del silo, y en suspenso, atrapada sobre el borde de la charca, apostilla con guiños guasones la confesión del SORDO DE TRIANA. EL PADRE VERITAS *levantaba las palmas abiertas, arrestándoles con patética ramplonería de santo en corral de comedias.*

EL SORDO DE TRIANA.—Por escapar del verdugo, ya no me quedó otro expediente que la vida relajada. Bandolero de caminos, cometí las mayores tropelías, no excusé derramar la sangre del prójimo. Lo que en esta hora arrepentida más me remuerde es un churumbel... ¡Me hallaba ciego por la delación del mala ralea de su padre! Con todo ello, estaba dudoso, viéndole reír en su cuna: Dispuesto a volverme: Y un impulso ajeno me tiró la mano a la chaira [115]. ¡Quedé pavorito! ¡Un coleo de Satanás tiró aquel viaje! La mujer en cuestión dio en aborrecerme, y escandalizarme, y tenerme de continuo con la cara arañada por los malditos celos, y no dejarme vivir con el grito de sus vituperios. ¡Yo siempre en la ceguera del primer día, cuando me la llevé de su casa! ¡Y sin dejar de quererla, en una zaragata [116], le corté el cuello! Padre reverendo, aquella hora negra me puso en el trámite de arrepentirme y cambiar de vida. ¡No pudo ser! ¡Otra mujer se metió por medio! Una hija que la difunta había tenido en el matrimonio. Me fui con ella a vivir, para tener compañía, y acabamos pecando. Me entró un coraje de celos porque la hallé sin su flor. La di tormento para hacerla confesar quién la había perdido. La puse morada, y sin declararlo. Yo en la tema de que cantase para picarle la nuez al que fuese. Ella lo sabía, y como le guardaba querer, pasaba por todos los malos tratos. Tan ciego me puso, que acabé ahogándola.

---

[115] *chaira:* (gitan.) cuchillo.
[116] *zaragata:* pendencia, alboroto, tumulto (DRAE).

La tropa de caballistas, con pasmo, recalca su bulto sobre el espejo de la charca, avanza con inadvertido movimiento sonámbulo. PADRE VERITAS *espanta las palmas frente al retablo de bandoleros.*

EL SORDO DE TRIANA.—Reverendo padre: A los enemigos tengo dentro del cuerpo, y menester que me los saque su reverencia. A un pecador de mi cuerda no le basta la absoluta para presentarse a San Pedro. Menda precisa de los exorcismos que le liberten del malvado. Bate su ramo dentro de mí, y sus rebates me ciegan el juicio. La estrella de mi nacimiento no me ha consentido ser hombre de bien. ¡Un ciego amor de chaval, y para siempre condenado a perderme!... ¡Y procurando dar con el camino del vivir arreglado, y siempre esquiciándome el sino de mi nacimiento! Por el amor de una mujer escarrilé del drunji [117] para ser racimo de horca. ¡Así es de negra mi estrella! Cuanto mejor quería, peor obraba. Pensé acabar mis días lejos de belenes, con los papeles cambiados, sin trapisondas con la Pareja... ¡Son aire los pensamientos! ¡Menos que aire, con más vueltas que la veleta!... Padre reverendo, pues estoy maniatado, póngame su merced en la relajada boca el Santo Cristo. Reverendo padre, santígüeme con el Divino Crucificado. Y si no merezco su absoluta, impóngame la penitencia más dura que pueda cumplir un reo de muerte. Esos niños están en darme mulé [118], padre reverendo. Me suena que los grandes arrepentidos, para ser más edificantes, perdonan a sus enemistados.

PADRE VERITAS.—Es la veri, Frasquito, ¡En todos los ejemplos de los misioneros!...

EL SORDO DE TRIANA.—A esos pollos desea menda una buena hora para salvar sus almas. ¡Es mucha su sinrazón y su mal ejemplo, para que un cumplido que ha sido peor que todos ellos no los compadezca! Padre reverendo, santígüeme su merced con el Divino Crucificado. Con-

---

[117] *drunji* (gitan.) camino.

[118] *darme mulé:* véase nota 84 bis.

suéleme con alguna oración su reverencia. ¡Ayúdeme a lavar esta conciencia tan negra! ¿Cómo se reza, padre reverendo? Que soy sordo. ¡Si no me grita a la oreja, jonjona [119]! ¡Señor mío Jesucristo, Dios y hombre verdadero! Ahí me atranco. ¡Padre reverendo, que estoy con medio cuerpo en la sepultura, y sin haber formulado alguna oración no van a recibirme en el Cielo! ¡Que Satanás me arrebata de los pelos! ¡Gríteme a la oreja su reverencia!

EL CAPITÁN *se había echado el retaco a la cara. Queda destacado en el pasmo de la oscura rueda. Un fogonazo.* EL SORDO DE TRIANA *dobla la cabeza sobre el hombro, con un viraje de cristobeta. El trueno de la pólvora retumba en la cueva. El humo oscurece las figuras atónitas sobre el espejo de la charca.*

EL CAPITÁN.—¡Si no le sello la boca, nos gana la entraña ese tunante!

---

[119] *jonjana:* véase nota 109.

ÚLTIMOS TÍTULOS PUBLICADOS EN COLECCIÓN AUSTRAL

Arturo Uslar Pietri
57. **Oficio de difuntos**
Edición de Carmen Mora

Juan Ramón Jiménez
58. **Platero y yo**
Edición de Richard A. Cardwell

Charlotte Brontë
59. **Jane Eyre**
Introducción de Cándido Pérez Gállego

Oscar Wilde
60. **Cuentos completos**
Introducción de Luis Antonio de Villena

Ramón del Valle-Inclán
61. **Sonata de otoño. Sonata de invierno**
Edición de Leda Schiavo

Jaume Cabré
62. **Libro de prejudios**
Introducción de Alex Broch

Miguel Mihura
63. **Tres sombreros de copa**
Edición de Antonio Tordera

José María de Areilza
64. **Paisajes y semblanzas**
Prólogo de Elena Quiroga

Antonio Gala
65. **Carmen, Carmen**
Prólogo de José Romera Castillo

Alonso de Contreras
66. **Discurso de mi vida**
Edición de Henry Ettinghausen

Fernado Pessoa
67. **Antología poética. El poeta es un fingidor**
Edición y traducción de Ángel Crespo

Fernando Savater
68. **Último desembarco. Vente a Sinapia**
Prólogo de María Ruiz

Leandro Fernández de Moratín
69. **La comedia nueva. El sí de las niñas**
Edición de René Andioc

Homero
70. **Odisea**
Edición de Antonio López Eire

Enrique Jardiel Poncela
71. **Eloísa está debajo de un almendro. Las cinco advertencias de Satanás**
Edición de María José Conde Guerri
E. Inman Fox
72. **Ideología y política en las letras de fin de siglo (1898)**
Juan de Mena
73. **Laberinto de Fortuna**
Edición de Miguel Ángel Pérez Priego
Pietro Aretino
74. **La comedia de la corte. El Caballerizo**
Edición y traducción de Ángel Chiclana
Antonio Buero Vallejo
75. **Un soñador para un pueblo**
Edición de Luis Iglesias Feijoo
Emilio Romero
76. **Las ratas suben a la ciudad. Verde doncella, o El Marido para después**
Introducción de Lorenzo López Sancho
Federico García Lorca
77. **La casa de Bernarda Alba**
Edición de Francisco Ynduráin
Serafín y Joaquín Álvarez Quintero
78. **El genio alegre. Puebla de las mujeres**
Edición de Gregorio Torres Nebrera
Vita Sackville-West
79. **Los Eduardianos**
Introducción de Jesús Pardo
Traducción de María Luisa Balseiro
Federico García Lorca
80. **Yerma**
Edición de Miguel García-Posada
Calderón de la Barca
81. **El mayor monstruo del mundo**
Edición de José María Ruano de la Haza
Antonio Buero Vallejo
82. **El concierto de San Ovidio**
Edición de David Johnston
83. **Diccionario Austral de la lengua española**
Rafael Dieste
84. **De los archivos del trasgo**
Prólogo y traducción de César Antonio Molina
Salustiano del Campo
85. **La sociedad de clases medias**
Tirso de Molina
86. **El burlador de Sevilla**
Edición de Ignacio Arellano
Vicente Palacio Atard
87. **Juan Carlos I y el advenimiento de la democracia**
Prólogo de Antonio Rumeu de Armas
Pedro Calderón de la Barca
88. **El mágico prodigioso**
Edición de Bernard Sesé
Salvador de Madariaga
89. **Poesía**
Prólogo de Dámaso Alonso
Diego de Torres Villarroel
90. **Vida**
Edición de Manuel Pérez López

Juan Manuel Borrero
91. **La luna blanca de Chesed**
Prólogo de Juan Cruz

José Barón Fernández
92. **Miguel Servet. Su vida y su obra**
Prólogo de Pedro Laín Entralgo

Estela Canto
93. **Borges a contraluz**

José Cadalso
94. **Cartas marruecas**
Edición de José Miguel Caso González

Alfonso Martínez de Toledo
95. **Arcipreste de Talavera**
Edición de Marcella Ciceri

Garcilaso de la Vega
96. **Poesía completa**
Edición de Juan Francisco Alcina

Raymond Aron
97. **Estudios sociológicos**

Justo Jorge Padrón
98. **Sólo muere la mano que te escribe. Los rostros escuchados**
Prólogos de José García Nieto y Victor Ivanovici

M. J. de Larra
99. **Artículos de costumbres**
Edición de Luis F. Díaz Larios

Gabriel García Márquez
100. **Cien años de soledad**
Estudio introductorio de Joaquín Marco

Antonio Pereira
101. **Cuentos para lectores cómplices**
Introducción de Ricardo Gullón

Miguel de Unamuno
102. **Abel Sánchez**
Edición de Isabel Criado

Gonzalo de Berceo
103. **Milagros de Nuestra Señora**
Edición de Juan Manual Cacho Blecua

Leopoldo Alas «Clarín»
104. **Su único hijo**
Edición de Carolyn Richmond

Lope de Vega
105. **La moza de cántaro**
Edición de José María Díez Borque

Claudio Guillén
106. **Teorías de la historia literaria**

Serge Salaün
107. **El Cuplé (1900-1936)**

Ramón del Valle-Inclán
108. **La corte de los milagros**
Edición de José Manuel García de la Torre

Fernando Fernán-Gómez
109. **Las bicicletas son para el verano**
Introducción de Eduardo Haro Tecglen

Miguel de Unamuno
110. **San Manuel Bueno, mártir**
Edición de Víctor García de la Concha

Antonio Gala
111. **Las cítaras colgadas de los árboles. ¿Por qué corres, Ulises?**
Prólogo de Enrique Llovet

Federico Sopeña
112. **Poetas y novelistas ante la música**

Ramón del Valle-Inclán
113. **La marquesa Rosalinda**
Edición de César Oliva

Antonio Buero Vallejo
114. **La Fundación**
Edición de Francisco Javier Díez de Revenga

Miguel de Unamuno
115. **Niebla**
Edición de Germán Gullón

Pío Baroja
116. **Aventuras, inventos y mixtificaciones de Silvestre Paradox**
Edición de E. Inman Fox

José María de Pereda
117. **Sotileza**
Edición de Germán Gullón

Lope de Vega
118. **El mejor alcalde, el rey**
Edición de Juan María Marín Martínez

Garci Rodríguez de Montalvo
119 y 120. **Amadís de Gaula**
Edición de Juan Bautista Avalle-Arce

Alejandro Casona
121. **La sirena varada. Los árboles mueren de pie**
Edición de Carmen Díaz Castañón

Ramón Pérez de Ayala
122. **Tigre Juan. El curandero de su honra**
Edición de Miguel Ángel Lozano Marco

Miguel Mihura
123. **Maribel y la extraña familia**
Introducción de Emilio de Miguel Martínez

Antonio Buero Vallejo
124. **En la ardiente oscuridad**
Edición de Mariano de Paco

Ángel Ganivet
125. **Idearium español. El porvenir de España**
Introducción de E. Inman Fox

Federico García Lorca
126. **La zapatera prodigiosa**
Edición de Joaquín Forradellas

Plutarco
127. **Sobre el amor**
Traducción y edición de Antonio Guzmán Guerra

Wenceslao Fernández Flórez
128. **El bosque animado**
Edición de José-Carlos Mainer

Ramón del Valle-Inclán
129. **Tablado de marionetas**
Edición de César Oliva

Iván S. Túrguiéniev
130. **Padres e hijos**
Introducción y notas de Juan Eduardo Zúñiga
Traducción de Víctor Andresco

Camilo José Cela
131. **Viaje a la Alcarria**
Introducción de José María Pozuelo Yvancos

Antonio Buero Vallejo
132. **Música cercana**
Introducción de David Johnston

Jacinto Benavente
133. **Los intereses creados**
Introducción de Francisco José Díaz de Castro

Dámaso Alonso
134. **Hijos de la luz**
Edición de Fanny Rubio

Lope de Rueda
135. **Paros completos**
Edición de Juan María Marín Martínez

Azorín
136. **Las confesiones de un pequeño filósofo**
Edición de José M.ª Martínez Cachero

Juan Perucho
137. **Rosas, diablos y sonrisas. La sonrisa de Eros**
Introducción de Fernando Valls

Antonio Gala
138. **Cristóbal Colón**
Prólogo de José Romera Castillo

Tirso de Molina
139. **El condenado por desconfiado**
Edición de Ángel R. Fernández

Manuel Kant
140. **Fundamentación de la metafísica de las costumbres**
Edición de Luis Martínez de Velasco

Miguel de Unamuno
141. **Tres novelas ejemplares y un prólogo**
Edición de Ciriaco Morón Arroyo

Pío Baroja
142. **El mundo es ansí**
Edición de José Antonio Pérez Bowie

José Ortega Spottorno
143. **Relatos en espiral**

Miguel de Unamuno
144. **La tía Tula**
Introducción de Anna Caballé

Federico García Lorca
145. **Mariana Pineda**
Introducción de Andrés Soria Olmedo

Federico García Lorca
146. **Poeta en Nueva York**
Edición de Piero Menarini

J. Rof Carballo
147. **Entre el silencio y la palabra**
Prólogo de Gregorio Marañón

Francisco Giner de los Ríos
148. **Escritos sobre la universidad española**
Teresa Rodríguez de Lecea

José María de Pereda
149. **Pedro Sánchez**
Edición de José Manuel González Herrán

Miguel de Cervantes
150 y 151. **Don Quijote de la Mancha**
Edición de Alberto Blecua

Jorge Manrique
152. **Poesías completas**
Edición de Miguel Ángel Pérez Priego

Amparo Nieto y Jorge Víctor Sueiro
153. **Esmorgantes**
Prólogo de Carlos García Bayón

Miguel Hernández
154. **Cancionero y romancero de ausencias**
Edición de José Carlos Rovira

Mariano José de Larra
155. **Macías**
Edición de Luiz Lorenzo-Rivero y George P. Mansour

Federico García Lorca
156. **Romancero gitano**
Edición de Emilio de Miguel

Ana María Álvarez Pellitero
157. **Teatro medieval**

Juan Ramón Jiménez
158. **Selección de prosa lírica**
Edición de Francisco Javier Blasco Pascual

Ramón Menéndez Pidal
159. **Poesía juglaresca y juglares. Orígenes de las literaturas románicas**
Prólogo de Rafael Lapesa

José Zorrilla
160. **Traidor, inconfeso y mártir**
Edición de Roberto Calvo Sanz

Federico García Lorca
161. **Poema del cante jondo**
Edición de Luis García Montero

Duque de Rivas
162. **Don Álvaro o la Fuerza del sino**
Edición de Carlos Ruiz Silva.

William Shakespeare
163. **Coriolano**
Traducción, introducción y notas de Ángel Luis Pujante

Platón
164. **Apología de Sócrates**
Edición de Enrique López Castellón

Juan Jacobo Rousseau
165. **Contrato social**
Prólogo de Manuel Tuñón de Lara

René Descartes
166. **Discurso del método. Meditaciones metafísicas**
Edición de Manuel García Llorente

Immanuel Kant
167. **Crítica de juicio**
Edición de Manuel García Llorente

William Shakespeare
168. **Julio César**
Traducción, introducción y notas de Ángel Luis Pujante

Iris M. Zavala
169. **Mijail Batjin y la posmodernidad**
Epicteto Díaz Navarro

Ramón del Valle-Inclán
170. **Retablo de la avaricia, la lujuria y la muerte**
Edición de Ricardo Doménech